U0856508

中小学
现代教育技术基础

ZHONGXIAOXUE XIANDAI JIAOYU JISHU JICHU

梁伟雄 赖昭仁◎编著

中国出版集团

世界图书出版公司

广州 · 上海 · 西安 · 北京

图书在版编目（CIP）数据

中小学现代教育技术基础 / 梁伟雄，赖昭仁编著.-- 广州：世界图书出版广东有限公司，2014.12

ISBN 978-7-5100-8098-2

Ⅰ. ①中… Ⅱ. ①梁… ②赖… Ⅲ. ①教育技术学－中小学－师资培训－教材 Ⅳ. ①G40-057

中国版本图书馆 CIP 数据核字(2014)第 306485 号

中小学现代教育技术基础

策划编辑 胡一婕
责任编辑 胡一婕
封面设计 高艳秋
投稿邮箱 stxscb@163.com
出版发行 世界图书出版广东有限公司
地　　址 广州市新港西路大江冲 25 号
电　　话 020-84452177
印　　刷 虎彩印艺股份有限公司
规　　格 787mm × 1092mm　1/16
印　　张 12.5
字　　数 250 千
版　　次 2014 年 12 月第 1 版　2015 年 4 月第 2 次印刷
ISBN 978-7-5100-8098-2/G·1765
定　　价 48.00 元

编委会

前　言

2013年10月，教育部印发了《教育部关于实施全国中小学教师信息技术应用能力提升工程的意见》，明确指出：整合相关项目和资源，采取符合信息技术特点的新模式，到2017年底完成全国1000多万中小学（含幼儿园）教师新一轮提升培训，提升教师信息技术应用能力、学科教学能力和专业自主发展能力；开展信息技术应用能力测评，以评促学，激发教师持续学习动力；建立教师主动应用机制，推动每个教师在课堂教学和日常工作中有效应用信息技术，促进信息技术与教育教学融合取得新突破。同时要求各地市及区县级教育行政部门要通过专项培训和专题教研，组织开展区域性教师全员培训。健全中小学校本研修管理制度，确保研修质量。

为做好中小学教师信息技术应用能力提升的培训工作，健全中小学教师信息技术应用能力提升培训的教材建设，编委会特地组织有关专家对培训内容需求开展调研，甄选了具有丰富培训经验和教材编写的专家及基层学校学科骨干教师，组成教材编写组编写了这本教材，并充分征求了各级各类学校部分教师的意见，经过反复筛选、修改，终于定稿。在此，对支持本书编写及对本书编写提出宝贵意见的相关人士表示衷心的感谢。

教师队伍建设是教育信息化可持续发展的基本保障，信息技术应用能力是信息化社会教师必备专业能力。贯彻落实国家教育信息化总体要求，充分发挥“三通两平台”效益，教师信息技术应用能力的全面提升是关键。本书结合新媒体新技术，理论联系实际，深入浅出，易学易懂。遴选一线教师需求的内容，同时加工生成性资源，开发微课程资源，配发学习光盘，满足教师个性化学习需求，为教师信息技术应用能力提升奠定坚实基础。

目 录

第 1 章 计算机基础知识

在当下,计算机成为一种不可缺少的工具,无论是学习、工作还是生活,都离不开计算机。本章的主要内容是学习计算机的基础知识、Windows7 的基本操作、文件夹的操作和管理、计算机网络操作、计算机的维护、办公软件 Word 和 Excel 基本操作等。

1.1 解读计算机基础知识

本节主要是让我们了解生活中常用计算机类型、用途和组成。

1.1.1 了解校园计算机常见类型

什么是计算机?

计算机是一种用于高速计算的电子计算机器, 它可以进行数值计算,又可以进行逻辑计算,还具有存储记忆功能。是能够按照程序运行,自动、高速处理海量数据的现代化智能电子设备。它由硬件系统和软件系统所组成。

计算机的类型很多,分类形式也很多,我市中小学,经过远教工程和薄改工程配置,还有各校努力,已经配备有多种类型的计算机,用于学习、办公和教学。以下,就校园工作和教学生活中常见的计算机类型进行介绍。

服务器

服务器(Server)指一个管理资源并为用户提供服务的计算机,通常分为文件服务器、数据库服务器和应用程序服务器。运行以上软件的计算机或计算机系统也被称为服务器。相对于普通 PC(个人电脑)来说,服务器在稳定性、安全性、性能等方面都要求更高,因此 CPU、芯片组、内存、磁盘系统、网络等硬件和普通 PC 有所不同。

图 1-1-1

台式机

台式机，是一种各个部分独立且相互分离的计算机，相对于笔记本和上网本来说，体积较大，便携性差，耗电高，但有价格便宜，性能优越，散热性、拓展性强的优势。主要部件有：主机、显示器、键盘、鼠标等设备。一般都是相对独立的，一般需要放置在电脑桌或者专门的工作台上。因此命名为台式机、桌面机。由于台式机性能优越，操作舒适，可拓展性强，是个人计算机的主力军，学校装备的计算机类型中，也是以台式机为主要组成部分。

图 1-1-2

一体机

一体机，是由一台显示器、一个电脑键盘和一个鼠标组成的电脑。它的芯片、主板与显示器集成在一起，显示器就是一台电脑，因此只要将键盘和鼠标连接到显示器上，机器就能使用。随着无线技术的发展，电脑一体机的键盘、鼠标与显示器可实现无线连接，机器只有一根电源线，这就解决了一直为人诟病的台式机线缆多而杂的问题。用一体机组成计算机教室，可以降低计算机室的整体故障率和维护成本。

图 1-1-3

移动机

移动机，也称手提电脑或膝上型电脑，是一种小型、可携带的个人电脑，重量较轻。它和台式机架构类似，但是提供了台式机无法比拟的便携性：包括液晶显示器、较小的体积、较轻的重量，都是它的优势所在。

图 1-1-4

平板电脑

平板电脑，是一款无须翻盖、没有键盘、大小不等、功能完整的电脑。其构成组件与笔记本电脑基本相同，但它是利用触笔在屏幕上书写，而不是使用键盘和鼠标输入，并且打破了笔记本电脑键盘与屏幕垂直的J 型设计模式。

它支持手写输入或语音输入，移动性和便携性比笔记本电脑更胜一筹。

图 1-1-5

手持机

手持机，也叫掌上电脑，是一种运行在嵌入式操作系统和内嵌式应用软件之上的、小巧、轻便、易带、实用、价廉的手持式计算设备。它无论在体积、功能和硬件配备方面都比平板电脑简单轻便。在掌上电脑基础上加上手机功能，就成了智能手机。智能手机除了具备手机的通话功能外，还具备了计算机的部分功能，而且功能越来越强大。

手持机不仅是一种便捷的随身信息工具，还是延伸计算机功能的神奇助手。在教学活动中，平板电脑和手持机的便携性已经很接近，他们与教学计算机相结合，实现大小机同步显示，让教学计算机的交互性更加融入讲演者和听讲者，产生与众不同的的课堂效果，让课堂更加多姿多彩。

图 1-1-6

1.1.2 了解计算机在教育教学环境中的用途

计算机作为学习工具

计算机辅助学习，就是借助计算机作为学习工具。软件市场上，出现了很多计算机辅助学习软件，借助文字、图像、声音、影像及动画等方式，帮助学生学习不同的科目；同时可测试所学的知识，并立刻得到测试的结果。互联网上亦可以找到大量的学习资源，学生也可自行学习一些课外的知识。

图 1-1-7

图 1-1-8

计算机作为教学工具

计算机辅助教学，就是借助计算机作为教学工具。通过使用计算机辅助，教师能够以更有趣的多媒体效果，更清楚地展示教学内容、解释一些较难说明的概念及展示一些难以实际进行的实验，使学习更有趣味。计算机辅助教学的技术还克服了传统教学情景方式上单一、片面的缺点。它的使用能有效地缩短学习时间、提高教学质量和教学效率，实现最优化的教学目标。

计算机作为学校行政工具

通过计算机的帮助，学校的行政管理可以更有效率。学校可以利用计算机来储存和处理大量的数据，例如每个学生的个人纪录、班级名单、各科考试成绩、图书馆的图书数据等。在联网的情况下，这些数据可以通过办公系统和计算机网络的支持，实现数据共享交流，同时可以利用协同办公平台作为信息化平台，使各种信息数据能共享使用，减少信息孤岛，充分发挥信息化带来的实际作用。

图 1-1-9

计算机作为教学交流工具

通过计算机及互联网，实现教学资源的获取与分享。比如，通过电子邮件让人们在计算机网络上收发讯息。它是一种快捷、经济而方便的讯息传递、文件交流方法;还有可以通过 QQ、聊天室、网络电话、视频会议等进行实时交流。

图 1-1-10

1.1.3 认识计算机硬件

计算机硬件,是指计算机系统中由电子机械和光电元件等组成的各种物理装置的总称。这些物理装置,按系统结构的要求,构成一个有机整体,为计算机软件运行提供物质基础。从外观上来看,微型计算机由主机箱和外部设备组成,外部设备通过接口和连接线与主机相连。

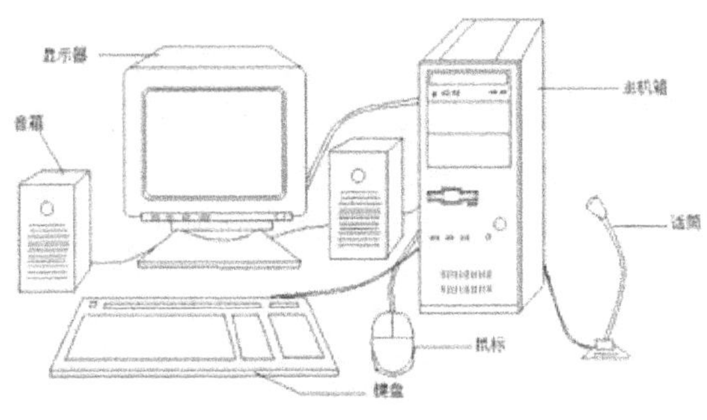

图 1-1-11

主机

计算机主机，是指计算机硬件系统中，用于放置计算机主板及其他主要部件的容器，其外形就像一个箱子，因此也叫主机箱。

主机箱内部通常装配了 CPU、内存、硬盘、光驱、电源以及其他输入输出控制器和接口，如 USB 控制器、显卡、网卡、声卡等。位于主机箱内的的计算机设备，通常称为内设；位于主机箱之外的计算机设备，通常称为外设，如显示器、键盘、鼠标、外接硬盘、外接光驱等。

由于主机箱内部的计算机设备，是由相对稳定的精密电子元器件组成。学校装备的计算机主机出现故障情况后，一般建议报请学校专业的计算机管理员维护、维修。

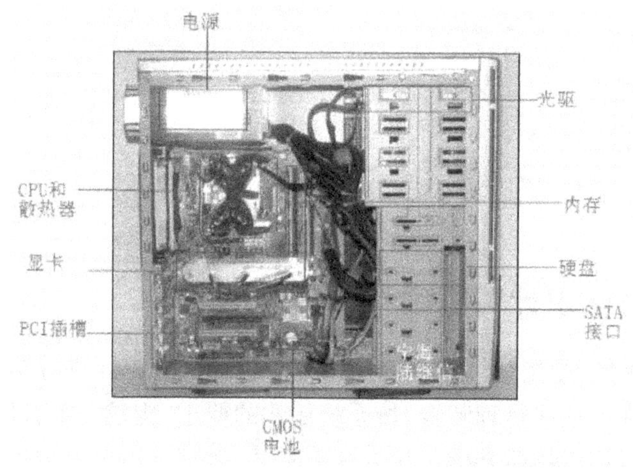

图 1-1-12

显示器

显示器属于计算机的输出设备，是人机交流的重要设备，它是可以将一定的电子文件通过特定的传输设备显示到屏幕上，再反射到人眼的显示工具。有了显示器，计算机的运算结果就可以通过显示器显示到我们的面前。

显示器分为 CRT、LCD 等多种，随着科技的发展，新型显示器在考虑实用的同时，也兼顾了绿色环保的要求，使用户在获得良好的视觉效果的同时，最大化保护使用者的健康。

图 1-1-13

键盘和鼠标

键盘和鼠标都属于计算机的输入设备，负责对向主机“输入”信息。

鼠标，是计算机显示系统纵横坐标定位的指示器，因形似老鼠而得名“鼠标”，鼠标的使用是为了使计算机的操作更加简便，来代替键盘输入繁琐的指令。

键盘，是把文字信息和控制指令信息输入计算机的通道，用户操控计算机的指令，必须通过键盘鼠标发出，计算机接收到键盘和鼠标的指令后，才知道要干什么。

键盘和鼠标，分为无线和有线两种，类似的输入设备还有手写板、数位板、投影键盘等。

图 1-1-14

音箱

音箱，是多媒体计算机的必要组成部分，它将计算机的声音媒体、声频信息通过音箱输出，转换为供人的耳朵聆听的音频信号。音箱的性能决定了音质的好坏，市场上音箱的价格相差巨大，输出音质好坏是决定其价值的重要指标。

图 1-1-15

摄像头

摄像头，又称为电脑相机、电脑眼、电子眼等，是一种视频输入设备，被广泛运用于视频会议、远程医疗及实时监控等方面。普通人也可以彼此通过摄像头在网络进行有影像、有声音的交谈和沟通。另外，人们还可以将其用于当前各种流行的数码影像、影音处理。

类似的设备还有摄像机、数码相机、扫描仪、高拍仪、实物展台等，在办公和教学中都可以应用这些设备来采集视频和图片。

图 1-1-16

打印机

打印机，是计算机的输出设备之一，用于将计算机处理结果打印在相关介质上。打印机的种类很多，常见的有针式打印机、喷墨打印机和激光打印机。

在教学工作中，打印机是经常用到的办公设备，当我们做好了一份成绩表，写好了一份工作方案，只有通过打印机打印出来，才能方便阅读、分发、装订等，还原与传统习惯相一致的文案管理习惯。

图 1-1-17

1.1.4 认识计算机软件

计算机软件是计算机系统重要的组成部分，如果把计算机硬件看成是计算机的躯体，那么计算机软件就是计算机系统的灵魂。没有软件支持的计算机称为“裸机”，只是一些物理设备的堆砌，几乎是不能工作的。

计算机软件，是指计算机程序及其相关文档的总和。与传统观念不同的是，程序≠软件，软件的定义更加强调文档的重要性，文档为软件的设计、开发、维护提供了重要的依据和支持。

一般来说，计算机软件分为系统软件和应用软件两大类。

图 1-1-18

系统软件

系统软件，是指控制和协调计算机及外部设备，支持应用软件开发和运行的系统，是无需用户干预的各种程序的集合，主要功能是调度、监控和维护计算机系统；负责管理计算机系统中各种独立的硬件，使得它们可以协调工作。系统软件使计算机使用者和其他软件将计算机当作一个整体而不需要顾及到底层每个硬件是如何工作的。

系统软件包含:操作系统、语言处理程序、编程工具、数据库管理系统;其中操作系统为最常见的系统软件。

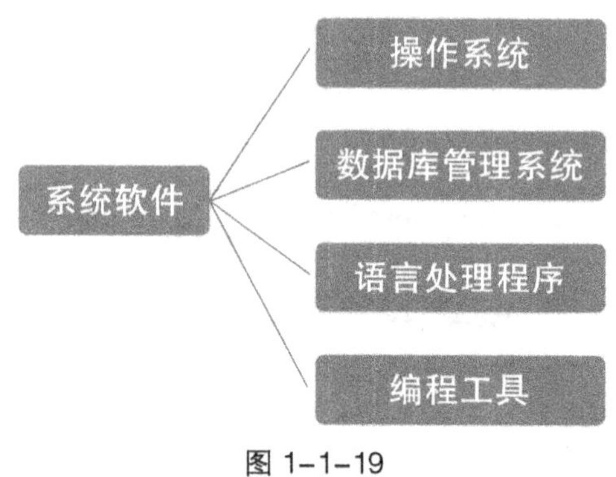

图 1-1-19

操作系统,是管理硬件资源、控制程序执行、改善人机界面和为其他软件提供支持的软件。它为系统资源的管理者提供硬件资源管理和程序控制功能,为使用者提供友好的人机界面,为应用程序提供丰富的功能支持。

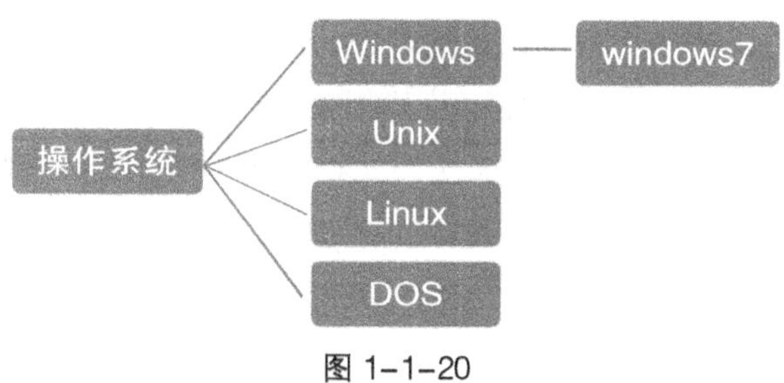

图 1-1-20

目前,应用广泛的操作系统软件有 Windows、Unix、Linux 和 DOS 等,本教程以 Windows7为案例,详细讲解 Windows7 的基本操作方法。

应用软件

应用软件是指为解决某一领域的具体问题而编制的软件产品,比如办公软件、图像处理程序、各类信息管理系统等。应用软件因其应用领域的不同而丰富多彩。

本书将以典型的应用软件 Microsoft Office 2010 办公系统为案例,详细讲解该软件在日常办公教学活动中的应用。

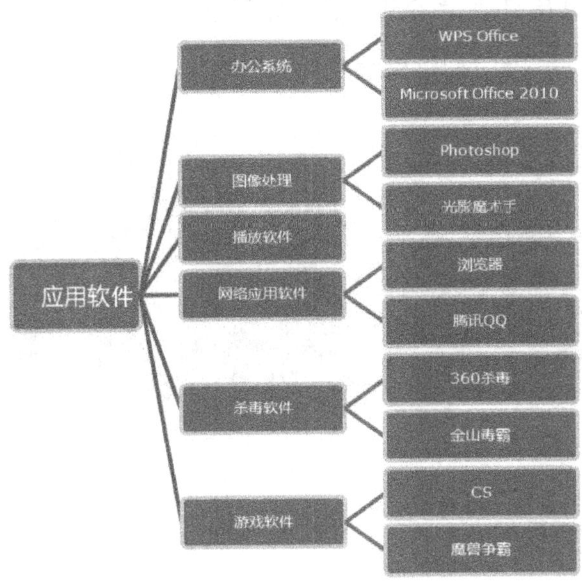

图 1-1-21

1.2 Windows7操作基础

Windows7 是微软公司(Microsoft)开发的操作系统,于 2009 年 10 月 22 日正式发布,可供家庭及商业工作环境、笔记本电脑、平板电脑、多媒体中心等使用。

本节主要学习 Windows7界面、窗口组成和基本操作。

1.2.1 开机与关机

计算机的开机与关机和 Windows7的启动与关闭其实都是同一个操作。关闭了计算机,也就关闭了 Windows7,启动了 Windows7,也就启动了计算机。下面,我们就来学习一下,Windows7 的启动与关闭。

启动计算机 Win7 系统

第 1 步 按下显示器的电源开关,如果显示器电源指示灯亮起,说明显示器电源已经接通。

第 2 步 按下主机箱的电源开关,主机箱电源指示灯亮起,并能听到主机运转的声音,说明主机电源已经接通。

第 3 步 计算机开始启动，系统进入自检界面，并显示自检信息。

第 4 步 进入 Windows7 操作界面，系统启动完成。

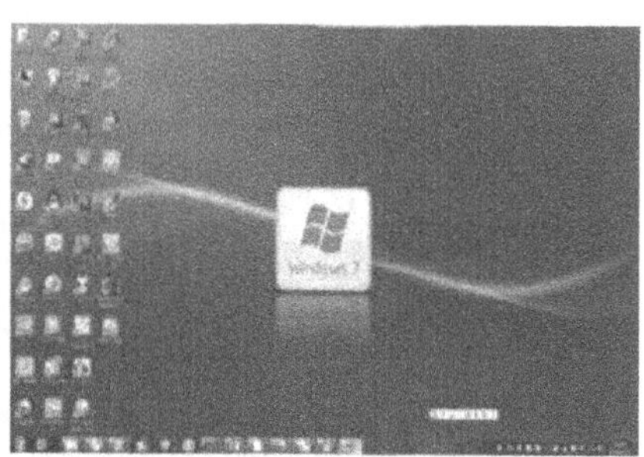

图 1-2-1

注销或重启 Win7 系统

注销，指的是向系统发出清除当前登陆用户的请求，清除后即可重新使用任何一个用户身份重新登陆系统。

当计算机设置有多个用户，可以使用 Windows 系统的注销功能，从计算机上注销当前用户，以便使用其他用户登陆。当计算机设置有登陆密码，用户暂时离开计算机的时候，又担心计算机被其他用户使用，可以使用 Windows 系统的注销功能，从计算机上注销当前用户，用户重新登陆计算机，就需要输入正确密码，才能进入系统。

当计算机安装新软件或者卸载旧软件，修改了注册表的情况下，一般会提示重新启动计算机；计算机在使用过程中，出现死机、运行卡慢、内存错误等影响计算机运行的情况，就需要重启计算机，让计算机恢复到最佳使用状态。

注销与重启动的最大区别就在于：注销并没有释放内存，而重启动则将内存全部释放。因此注销不可以替代重新启动，只可以清空当前用户的缓存空间和注册表信息。

那么，如何注销计算机、重启计算机呢？

第 1 步 单击【开始】按钮。

第 2 步 在弹出的【开始】菜单，单击【关机】按钮后的【下拉菜单】按钮。

第 3 步 从下拉菜单列表中选择【注销】或者【重新启动】选项。

也可通过按 Ctrl+Alt+Delete 键，然后单击“注销”命令从计算机中注销。

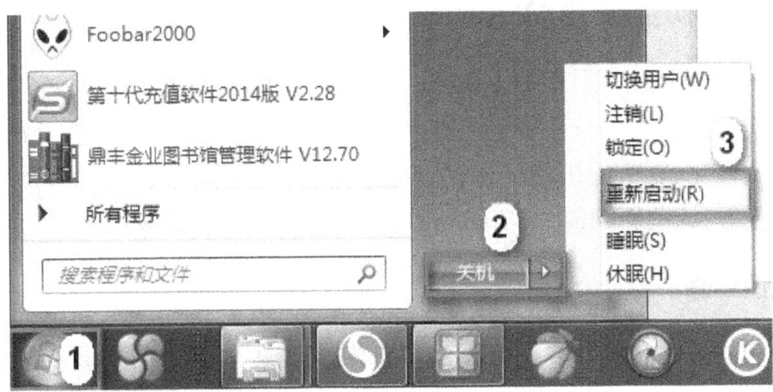

图 1-2-2

关闭 Win7 系统

不打算使用计算机，需要关闭计算机，以节约能源，延长计算机寿命。关闭计算机的方法如下：

①关闭其他正在使用应用软件，以避免数据丢失。

②单击【开始】菜单。

③在弹出菜单中，选择【关机】按钮，就可以完成计算机关闭了。

④关闭系统后，记得拔掉计算机电源插座或关闭计算机插座总闸。

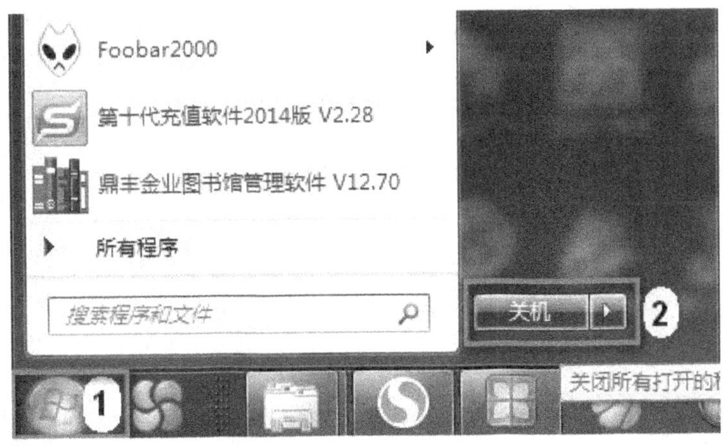

图 1-2-3

警告 关机之前，请保存正在编辑的文档，避免重要文件丢失。

1.2.2 初步使用 Windows7

Windows7是由微软公司(Microsoft)开发的操作系统,Windows7 的设计主要围绕五个重点——针对笔记本电脑的特有设计;基于应用服务的设计;用户的个性化;视听娱乐的优化;用户易用性的新引擎。跳跃列表,系统故障快速修复等,这些新功能令 Windows7成为最易用的 Windows 系统。

认识桌面

启动 Windows7 后,我们看到的主屏幕区域,就叫做桌面。桌面是人与计算机对话的主要入口,也是人机交互的数字界面。它主要由常用图标、系统菜单、任务栏以及背景图片组成。计算机桌面就像实际的桌面一样,它是用户工作的平面,Windows 中几乎所有的操作,都要在桌面上完成。下面,就详细介绍一下计算机桌面的各个组成部分。

桌面图标:图标是具有明确指代含义的计算机图形。比如【回收站】图标,就是指计算机回收站。

快捷方式:不知大家注意到没有,这些图标都有一个共同的特点,在每个图标的左下角都有一个非常小的箭头,这个箭头就是用来表明该图标是一个快捷方式。快捷方式是 Windows 提供的一种快速启动程序、打开文件或文件夹的方法,它是应用程序的快速连接。

图 1-2-4

桌面背景：壁纸是电脑桌面所使用的背景图片，可以根据大小和分辨率来做相应调整。壁纸让我们的电脑看起来更好看，更漂亮，更有个性。桌面壁纸就是电脑屏幕所使用的各种图片。

Windows 边栏：边栏位于屏幕的右侧，包含称为小工具的小程序。

【开始】按钮：开始菜单存放操作系统或设置系统的绝大多数命令，而且还可以使用安装到当前系统里面的所有程序。

任务栏：在 Windows 系列系统中，任务栏就是指位于桌面最下方的小长条，主要由开始菜单、快速启动栏、应用程序区、语言选项带和系统托盘区组成；Windows7 系统的任务栏还有“显示桌面”功能。

图 1-2-5

认识开始菜单

图 1-2-6

开始菜单是 Microsoft Windows 系列操作系统图形用户界面（GUI）的基

本部分，可以称为是操作系统的中央控制区域。在默认状态下，开始按钮位于屏幕的左下方，是一颗圆形 Windows 标志。

开始菜单存放操作系统或设置系统的绝大多数命令，而且还可以使用安装到当前系统里面的所有程序。如图 1-2-6 所示，我们来认识一下【开始】菜单的各个组成部分。

【开始】菜单的激活：①单击【开始】按钮；②按下 Windows 键；③按组合键 Ctrl+Esc。三种方法都可以激活开始菜单。

应用程序的启动与退出

记事本是 Windows 系统自带的一个简单的小应用程序，可利用它查看、编辑小文件、文本文档等。下面，笔者以记事本为例，讲解应用程序的启动和退出。

打开记事本有四种方法：

方法一 通过【开始】菜单启动：单击【开始】按钮；选择【所有程序】下拉菜单，选择【附件】下拉菜单，单击“记事本”选项。

方法二 通过输入“记事本”文件名启动：在运行中输入：Notepad.exe

方法三 通过路径查找“记事本”文件名启动：进入记事本程序存储的路径：C:\WINDOWS\，双击 Notepad.exe 文件名。

方法四 通过快捷方式启动。如果经常要用到“记事本”这个程序，我们可以在计算机桌面、快捷工具栏等建立“记事本”的快捷方式。这样，当我们要启动“记事本”的时候，直接双击快捷方式就可以启动“记事本”了。

拓展 所有的应用程序都可以通过以上四种方法启动，启动应用程序最快捷的方式，就是通过双击【快捷方式】启动。这就是快捷方式的重要性，就启动应用程序而言，它比其他操作方法更加便捷。

启动“记事本”操作完成后，就进入了“记事本”的主界面，如图所示。

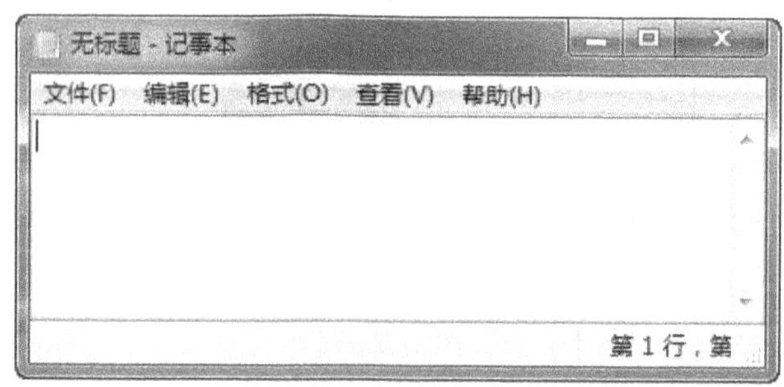

图 1-2-7

当启动一个应用程序，使用任务结束以后，就需要关闭这个应用程序。那么，我们如何关闭刚刚打开的“记事本”程序呢？

方法一 在“记事本”主窗口，单击标题栏右侧的【关闭】按钮。

方法二 在“记事本”主窗口，单击【文件】菜单，在弹出的菜单中，选择【退出】选项。

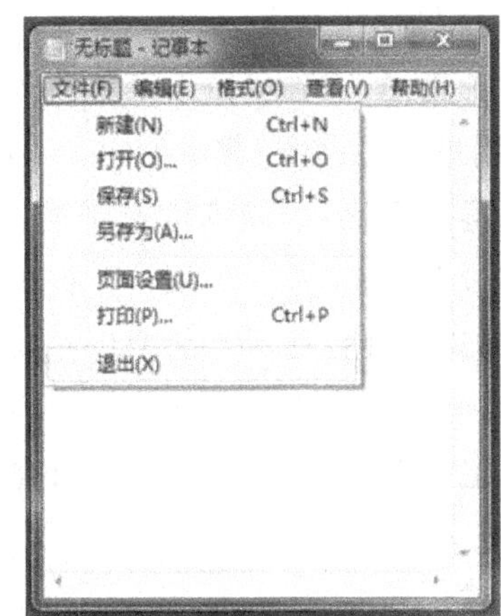

图 1-2-8

1.2.3 认识 Windows7 的窗口

早期，我们把 Windows 系统翻译成视窗系统。顾名思义，Windows 操作系统最大的特点，就是窗口。Windows7 系统，一样继承了 Windows 系统的窗口操作优势。计算机操作的部分是由一个个窗口组成的，通过窗口，我们可以很明确地执行操作，直观地得到操作结果。那么，什么是窗口呢？下面，就让我们一起来学习关于计算机窗口的相关知识吧。

窗口的组成

窗口有明显的特征，大部分窗口由一些相同（或相似）的元素组成。下面，我们双击【计算机】图标，打开【计算机】窗口，通过其基本组成元素了解窗口的组成，如下图所示。

1. 标题栏：标题栏位于窗口的顶部，显示窗口名称及图标，通过最右侧的三个窗口控制按钮，可以进行最小化、最大化、关闭窗口操作。

2. 地址栏：地址栏位于工具栏的下方，显示当前窗口所处的目录位置，即我们常说的“文件路”。点击右侧的下拉按钮，可以选择我们所要访问的窗口。

3. 搜索栏：通过搜索栏，可以找到计算机中的文件，默认搜索范围为该窗口下的路径，也可以自定义搜索范围。

4. 菜单栏：菜单栏位于标题栏下方，其中存放了当前窗口中的许多操作选项。一般菜单栏里包含了多个菜单项，分别点击其菜单项也可弹出下拉菜单，从中选择操作命令。

5. 工具栏：工具栏位于菜单栏的下方，是显示位图式按钮的控制条，位图式按钮用来执行命令，其中列出了一些当前窗口的常用操作按钮。

6. 导航窗格：导航窗格位于窗口的左侧，提供了该窗口下的一些辅助信息，其中文件夹列表方便用户迅速定位访问目标。

7. 细节窗格：显示当前窗口相关信息和操作状态或显示选中对象的详细信息。

8. 工作区：工作区是窗口最主要也是最大的区域，用于显示操作对象和操作结果。

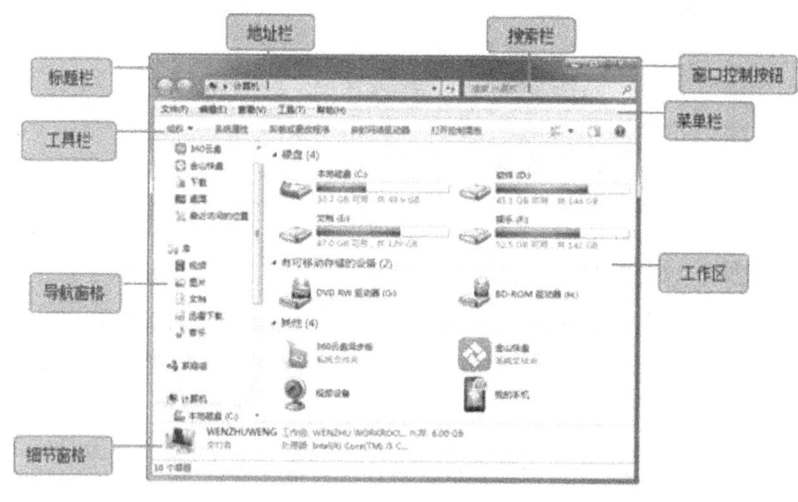

图 1-2-9

窗口的基本操作

①改变窗口大小。窗口的大小有三种状态：一是最大化，二是最小化，三是中间大小。窗口的大小是可以改变的，我们可以通过下面四种方法来实现。

- 使用最大化、最小化、关闭按钮改变窗口大小。

窗口右侧的窗口控制按钮可以快速实现改变窗口大小和关闭窗口的功能。

最大化按钮:把窗口尺寸放大到整个屏幕。移动鼠标箭头到最大化按钮,单击鼠标左键,可以将窗口扩大到整个屏幕,这时候,最大化按钮变成“还原”按钮,单击“还原”按钮,窗口恢复到按最大化按钮前的尺寸。

最小化按钮:把窗口缩小为任务栏的一个图标。

关闭按钮:快速关闭窗口。

● 使用窗口尺寸控制角改变窗口大小。尺寸控制角在窗口的右下角,移动鼠标箭头指向尺寸控制角,当鼠标指针变成缩放指针时,按住鼠标左键拖动,可以在水平和垂直两个方向同时改变窗口的大小,实现窗口尺寸在“中间大小”状态下随意改变。

● 在标题栏空白处双击鼠标左键,会自动切换窗口大小。

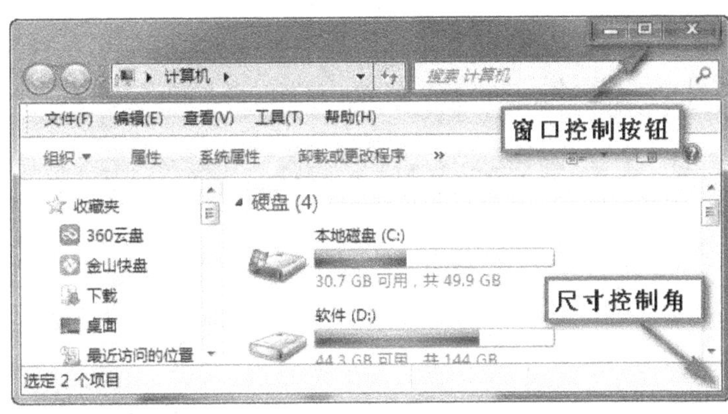

图 1-2-10

技巧:窗口最大化、最小化或者中间大小尺寸,该窗口所代表的的应用程序仍在运行,而关闭按钮是关闭窗口的,单击关闭按钮后,对应程序也随即被关闭,该窗口也从任务栏消失。

窗口尺寸在“中间大小”状态下,窗口的四个边,都可以拉伸窗口。

②窗口的移动。移动鼠标箭头到活动窗口的标题栏上,按住左键拖动,可以将整个窗口移动到合适的位置。

③窗口的排列。在实际工作中,同时打开多个窗口,在多个窗口中操作,都是不可避免的。然而在同时打开多个窗口的时候,窗口的排列、摆布、显示方式就显得尤其重要了,好的摆布方式有利于提高工作效率,减少工作量。

下面,我们就来学习一下快速排列各种显示窗口的方法。

第1步 在任务栏空白的地方点击右键，然后在弹出的菜单栏中会发现有“层叠窗口”“堆叠显示窗口”“并排显示窗口”这三个选单。

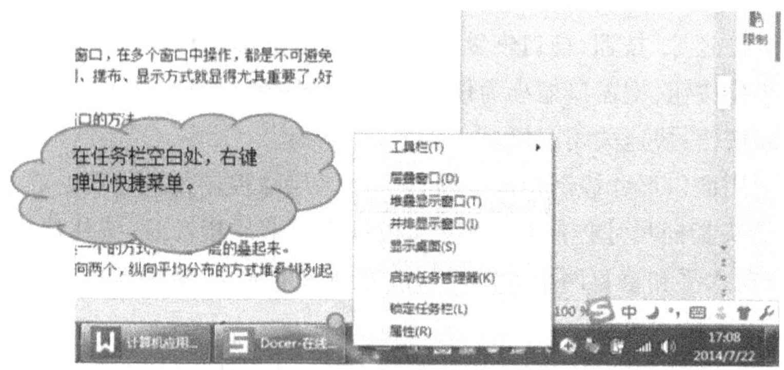

图 1-2-11

第2步 可以根据需要，选择适用的显示窗口方式。比如，选择“堆叠显示窗口”就可以得到以下窗口排列效果。

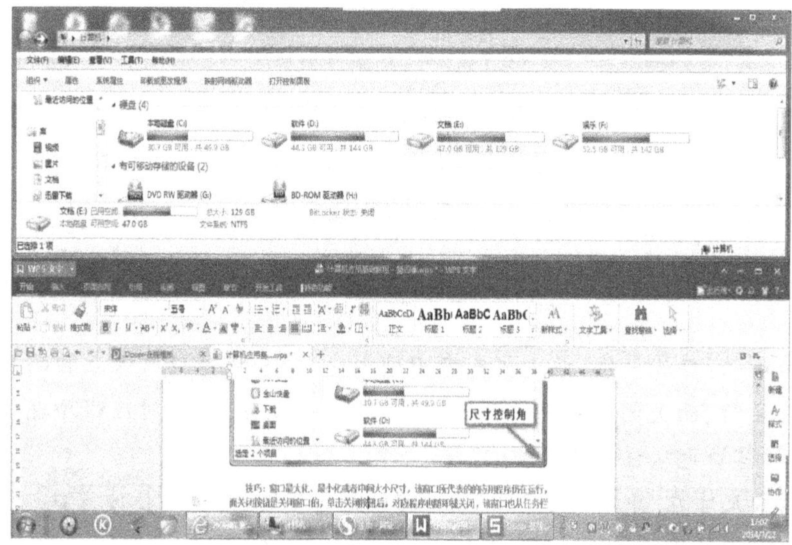

图 1-2-12

- 层叠窗口的显示方式，就是把窗口按照一个叠一个的方式，一层一层地叠起来。
- 堆叠显示窗口的显示方式，就是把窗口按照横向两个，纵向平均分布的方式堆叠排列起来。

● 并排显示窗口的显示方式，就是把窗口按照纵向两个，横向平均分布的方式并排排列起来。

学会窗口切换

打开多个窗口时，最后打开的窗口为当前活动窗口。虽然 Windows是多任务系统，可以同时启动多个窗口任务，但只有一个是当前活动窗口，其他均为后台运行窗口。当前活动窗口在所有打开窗口的最前面，称为前台运行窗口。我们只能对当前活动窗口进行操作，如果用户需要对另外一个窗口进行操作，就需要把其窗口切换为当前活动窗口。可以通过以下方法实现窗口的切换。

方法一 单击任务栏。

单击任务栏上相应的窗口任务按钮，可将该窗口变成当前活动窗口。

方法二 单击窗口区域。

移动鼠标箭头到屏幕的某个窗口区域内，单击鼠标左键，可将该窗口变成当前活动窗口。如果窗口区域被其他窗口遮挡，可以通过改变其他窗口的大小和位置来移动。

方法三 使用快捷键。

按住 Alt 键不放，重复按 Tab 键，可以循环切换所有打开窗口和桌面，释放 Alt 键，即可显示选择的窗口为当前活动窗口。

图 1-2-13

方法四 使用 Flip 3D。

Flip 3D 是 Windows Aero 体验的一部分，是切换窗口时的一种 3D 效果，使用 Windows Flip 3D，可以快速预览所有打开的窗口，此时所有已经启动的窗口都将会以 3D 的层叠效果出现在屏幕上，而且周围整体颜色变暗，从而起到突出中间程序的效果。

按下快捷键 Win+Tab 打开 Windows Flip 3D 窗口，重复按 Tab 键，可循环切换已经启动的窗口，释放 Win 键即可显示堆栈中最前面的窗口。

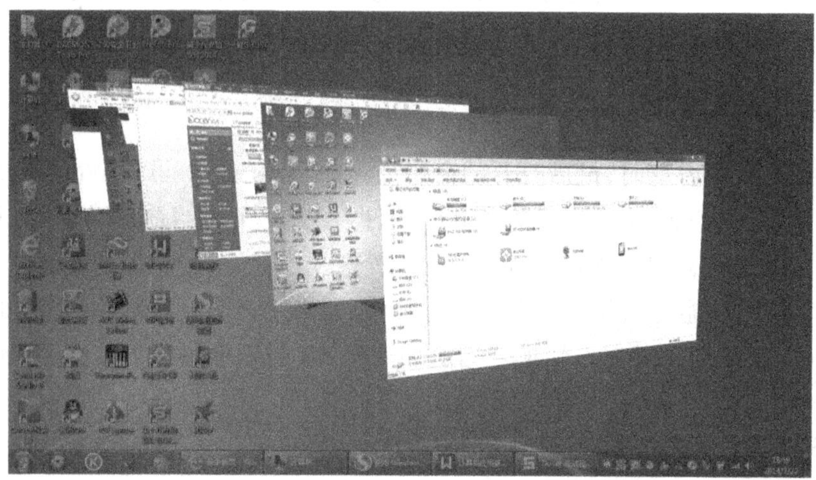

图 1-2-14

1.3 管理计算机中的文件与文件夹

本节主要学习文件和文件夹的知识，包括认识文件和文件夹、文件和文件夹的属性、文件和文件夹的基本操作等。

1.3.1 认识文件与文件夹

计算机中存储的数据，都是以文件形式保存的，文件通过文件夹和子文件来实现分类管理。计算机磁盘相当于一个图书馆，文件是图书馆里的每一本书，文件夹就相当于每一组图书分类，图书有子分类，文件夹也有子文件夹。

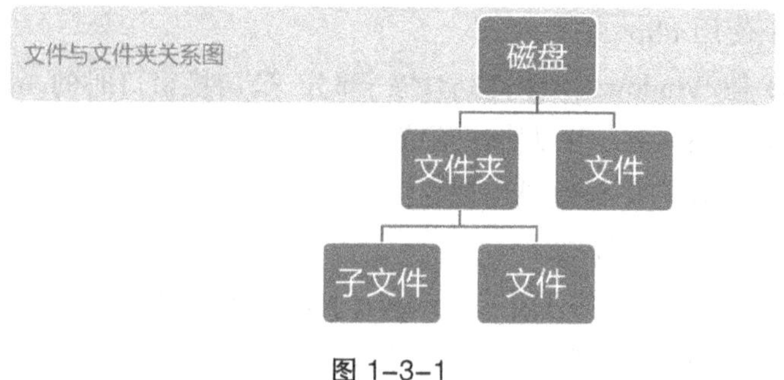

图 1-3-1

磁盘分区和盘符

硬盘是计算机的主要存储设备，新的硬盘一般不能直接存储文件，需要对硬盘分区格式化后才能使用。其实分区也是为了方便管理，一个硬盘可以分一个区，也可以分多个区，这要根据管理需要和磁盘空间大小来划分。

将计算机硬盘划分多个分区后，为了区分每个分区的功能，我们还可以为每个分区命名，如下图所示，就是已经命名好的各个分区。

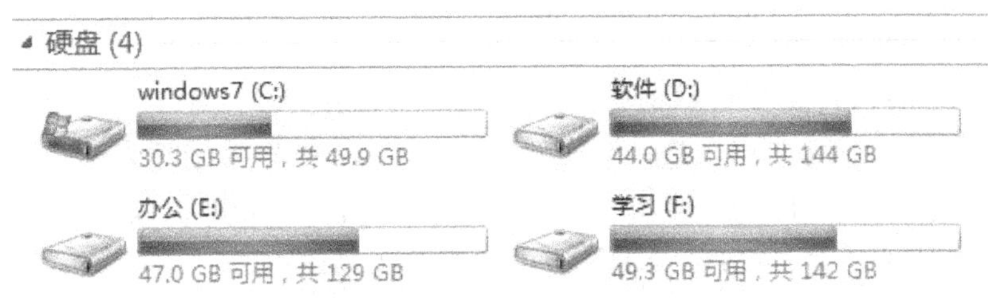

图 1–3–2

一般来说，“C 盘”是系统盘，是存储操作系统的分区，在使用计算机的过程中，新创建的个人文件，不建议保存在这个分区。

现在，U 盘已经成为移动存储的主力军，当把 U 盘接入计算机 USB 接口的时候，Windows7 就会加载 U 盘驱动，并显示 U 盘盘符。如果是分类显示，U 盘盘符自动显示在【有可移动存储的设备】栏。

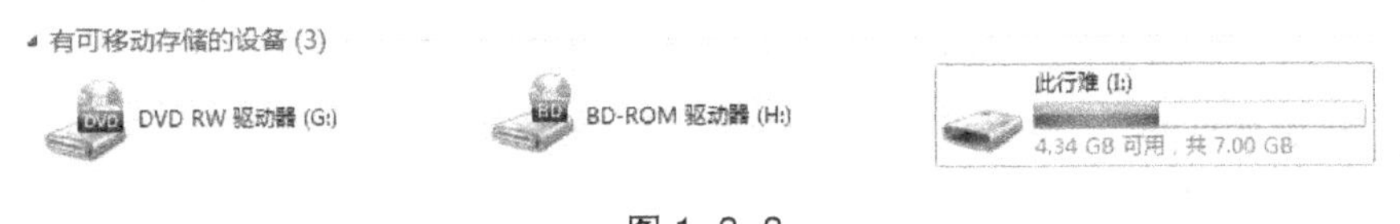

图 1–3–3

文件

文件是软件系统中的基本组成元素，在计算机中，一篇文章、一张图画、一个图形、一首音乐、一部电影等信息，都是以文件的形式存储在计算机的磁盘中。文件在 Windows7 中，通常以“文件图标 + 文件名 + 扩展名”的格式显示。如下图所示。

图 1-3-4

文件命名注意事项：

1. 主文件名可用 255 个字符(包空格)，不能包括以下字符：\ / : * ? " < > !。

2. 分隔符是一个点号。

3. 分隔符，扩展名可自动生成。

拓展 文件扩展名，是一个文件的后缀名，是操作系统用来标志文件格式的一种机制。不同的文件类型，有不同的扩展名，一般来说，需要记住一些常见的文件扩展名，可以根据扩展名迅速判断文件类型。

比如：分析报告.txt

“分析报告”是主文件名，txt 为扩展名，根据扩展名判断，这个文件为是一个纯文本文件。

下面介绍几种常见的文件扩展名，方便大家在使用计算机过程中识别。

办公软件：.DOC、.XLS、.PPT、.DOCX、.XLSX、.PPTX 等。

图片格式文件：.BMP、.ICO 、.JPG、.GIF、.PNG 等。

影音文件：.WAV 波形文件、.AVI 影像文件、.APE、.MP3、.MOV、.MPEG 等。

系统文件：.RTF 丰富文本格式文件、.SCR 屏幕保护程序文件、.SYS 系统文件、.TTF 字体文件、.TXT 文本文件、.HTM 超级文本文件.

其他常见的文件：.EXE 可执行文件、.RAR 压缩文件、.DBF 数据库文件、.BAK 备份文件等。

文件夹

Windows7 把文件组织到文件夹中，文件夹除了存放文件外，还可以存放文件夹，称为子文件夹。一个文件夹中包含多个文件和子文件夹，但一个文件或子文件夹只能属于一个文件夹，也就是说，在同一个文件夹内，文件名和子文件夹名是唯一的。

文件夹由文件夹图标和文件夹名组成，如下图所示。

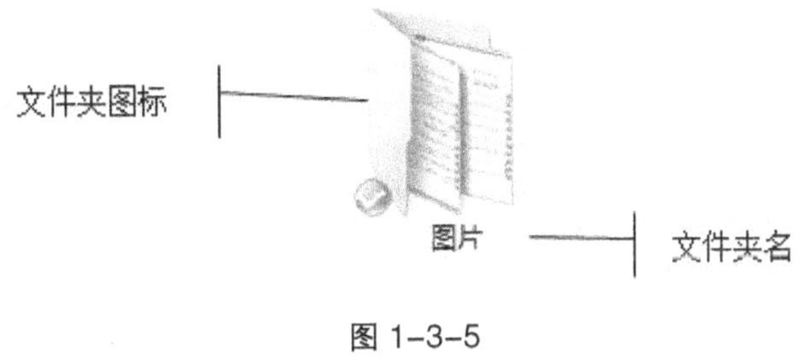

图 1-3-5

1.3.2 浏览与查看文件和文件夹

浏览文件和文件夹

文件与文件夹都存储在磁盘中，我们可以通过下面的方法，快速浏览计算机中的文件和文件夹。

第 1 步 ①在 Windows7 桌面，右键点击【计算机】图标，在弹出的快捷菜单中，选中【打开】菜单项，打开【计算机】窗口；②双击【计算机】图标，快速打开【计算机】窗口。

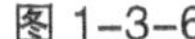
图 1-3-6

图 1-3-7

拓展 计算机中的窗口、文件、文件夹都可以通过以上两种方式打开：一是通过右键快捷菜单；二是通过双击对象图标。因为通过双击对象图标比较快捷，一般推荐用这种方法。

第 2 步 在【计算机】窗口中，双击【(E:)】盘符，打开(E:)盘窗口，即可浏览该盘符下存储的文件夹和文件夹。

图 1-3-8

第 3 步 在(E:)盘窗口中，想浏览哪个文件夹，双击打开该文件夹，就可以浏览到该文件夹下保存的文件或子文件夹了。比如，双击【南宁学习资料】文件夹，即可浏览该文件夹下的文件和子文件夹了。

名称	修改日期
photoshop cs5	2014/3/31 21:23
sql 2000 个人版	2013/6/13 14:53
极域2007　V6　豪华版	2014/3/31 21:22
讲课练习	2014/3/31 21:26
录像2014-3-28-31南宁讲课	2014/3/31 21:25
南宁学习资料	2014/3/31 21:18
相关软件	2014/3/31 21:26
2014-3-1-儿子规.docx	2014/3/29 16:10
2014-3-28-南宁--陈三明.pptx	2014/3/29 17:20
2014-3-28南宁录像-3.exe	2014/3/29 17:18
FlashPaper2.2虚拟打印机-转SWF汉化...	2014/3/30 16:38
新概念多媒体集成2014-3-28.pptx	2014/3/30 17:20
桌面背景1680x1050.bmp	2005/1/1 8:24

图 1-3-9

设置文件和文件夹显示方式

文件与文件夹显示有很多种，包括超大图标、大图标、中等图标、小图标、列表、详细信息、平铺、内容等8种。用户根据自己的需要，切换显示方式，可以获得不同的浏览效果。下面介绍一下设置文件和文件夹显示方式的方法。

方法1 在当前打开的文件夹窗口，单击菜单栏【查看】，选择需要的显示方式。

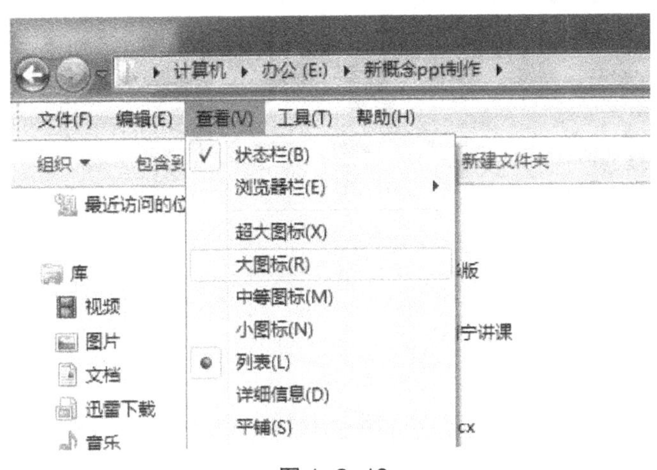

图 1-3-10

方法2 ①在当前打开的文件夹窗口，单击工具栏【更改视图】图标的下拉菜单箭头；②在弹出的下拉菜单中选择需要的显示方式。

比如，选择【中等图标】选项，该文件夹下的子文件和文件将以中等图标显示。

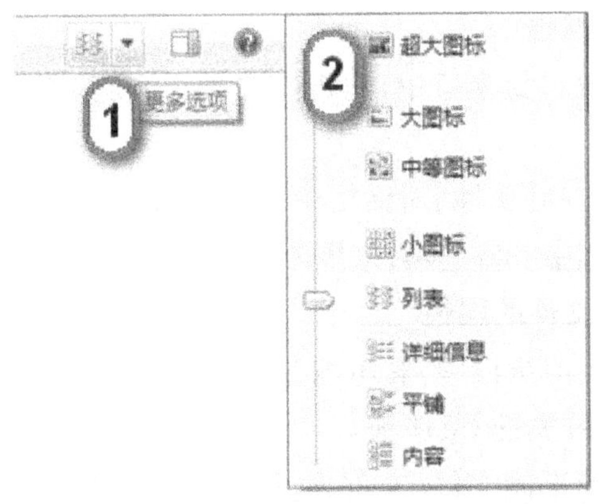

图 1-3-11

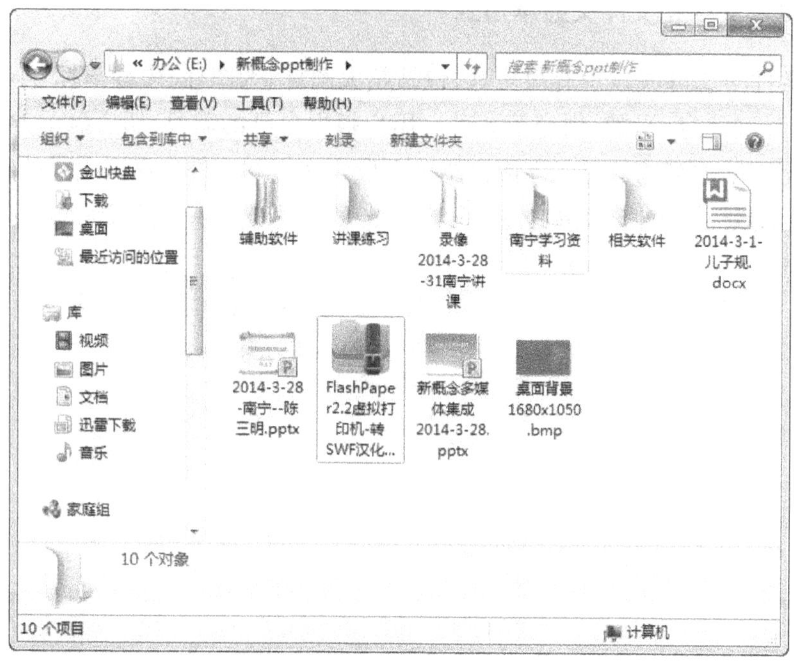

图 1-3-12

查看磁盘、文件和文件夹的属性

为了更好地对文件和文件夹进行操作，有时候需要查看磁盘、文件和文件夹的属性，以了解文件与文件夹的基本状态。下面，就来学习一下怎么查看文件和文件夹的属性。

●查看磁盘的属性

第 1 步 ①在(E:)盘窗口中，右击空白处；②在弹出的快捷菜单中，选择【属性】菜单项。

第 2 步 在弹出的【属性】对话框中，用户可以通过选择选项卡，查看各项属性，也可以通过选中一些选项，来更改对象的属性。

●查看文件或文件的属性

第 1 步 ①在当前窗口中，右击准备查看的文件(文件夹)图标；②在弹出的快捷菜单中，选择【属性】菜单项。

第 2 步 ①在弹出的文件(文件夹)【属性】对话框中，用户可以通过选择选项卡，查看各项属性，也可以通过选中一些选项，来更改对象的属性。

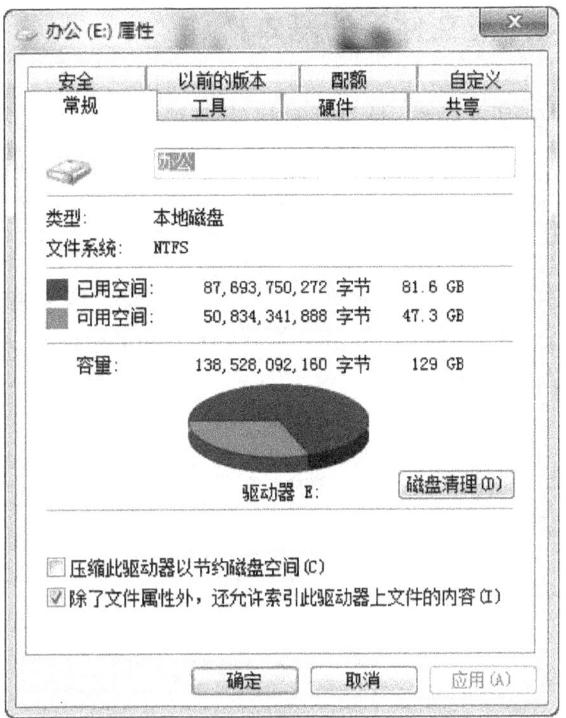

办公 (E:) 属性
安全
以前的版本
配额
自定义
常规
工具
硬件
共享
办公
类型: 本地磁盘
文件系统: NTFS
已用空间: 87,693,750,272 字节 81.6 GB
可用空间: 50,834,341,888 字节 47.3 GB
容量: 138,528,092,160 字节 129 GB
驱动器 E:
磁盘清理(D)
压缩此驱动器以节约磁盘空间(C)
除了文件属性外，还允许索引此驱动器上文件的内容(I)
确定
取消
应用(A)

南宁培训报到通知.docx 属性
常规
安全
详细信息
以前的版本
文件类型: Microsoft Office Word 2007 文档 (.docx)
打开方式: WPS文字
更改(C)...
位置: E:\
大小: 18.4 KB (18,908 字节)
占用空间: 20.0 KB (20,480 字节)
创建时间: 2014年3月26日, 17:20:32
修改时间: 2014年3月26日, 17:20:32
访问时间: 2014年3月27日, 21:29:35
属性: 只读(R) 隐藏(H) 高级(D)...
确定
取消
应用(A)
南宁学习资料 属性
常规
共享
安全
以前的版本
自定义
南宁学习资料
类型: 文件夹
大小: 4.68 GB (5,030,052,730 字节)
占用空间: 4.69 GB (5,036,363,776 字节)
包含: 2,907 个文件，154 个文件夹
创建时间: 2014年3月31日, 21:13:54
属性: 只读(仅应用于文件夹中的文件)(R)
隐藏(H)
高级(D)...
确定
取消
应用(A)

图 1-3-13

图 1-3-14

1.3.3 文件与文件夹的基本操作

文件与文件夹基本操作，是对计算机管理与控制的常见应用方式。本节主要介绍文件和文件夹的创建、删除、复制、移动、粘贴等基本操作。

新建文件和文件夹

任务 1 在(E:)盘下新建一个文件夹，命名为“信息技术培训班”。

第 1 步 打开(E:)盘窗口，①单击工具栏【文件】选项，②选择【新建】菜单项；③选择【文件夹】菜单项。

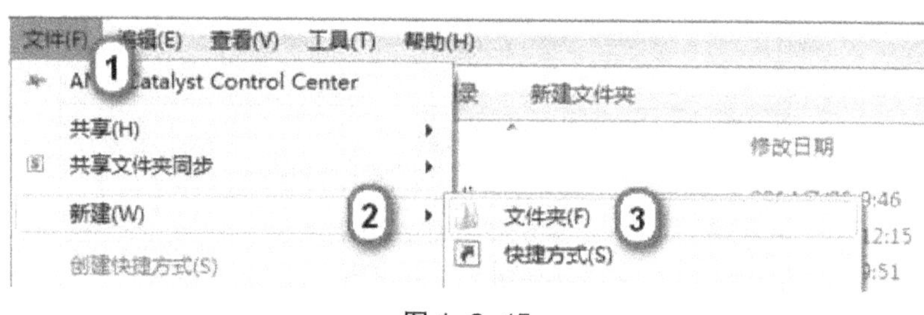

图 1-3-15

第 2 步 ①新建的文件夹默认名为【新建文件夹】；②这个时候，光标处在文件夹名编辑状态，输入文件夹名称“信息技术培训班”；③按回车键 Enter 确认后，就完成了文件夹“信息技术培训班”的创建。

图 1-3-16

任务 2 在文件夹“福达中学信息技术培训班”中，新建一个“课程安排”文本文件。

第 1 步 在“福达中学信息技术培训班”文件夹窗口中，①单击工具栏【文件】选项；②选择【新建】菜单项；③选择【文本文档】菜单项。

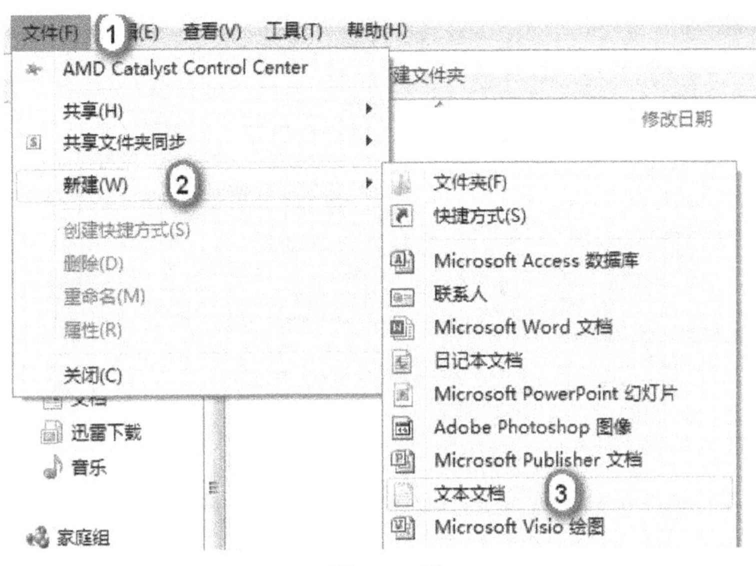

图 1-3-17

第 2 步 ①新建的文本文档默认名为【新建文本文档.txt】;②这个时候,光标处在文件夹名编辑状态,输入文件名称“课程安排.txt”;③按回车键 Enter 确认后,就完成了文本文档“课程安排.txt”的创建。

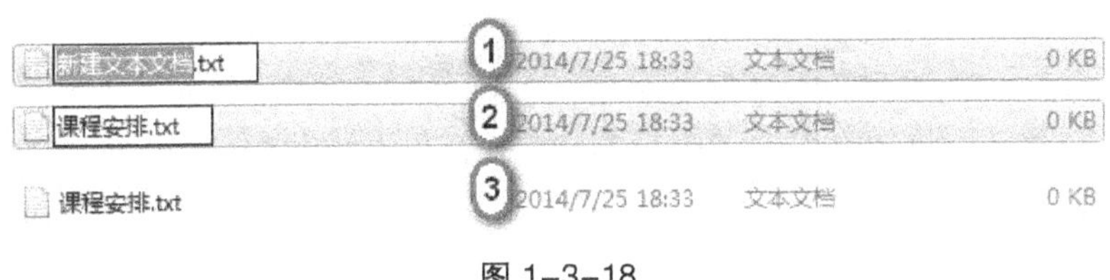

图 1-3-18

拓展 文件的创建和文件夹的创建有很多相似的地方,这里就不一一赘述。但文件和文件夹的建立也有本质的区别,新建文件的前提是,操作系统中必须安装了与该文件相应的应用程序,例如要新建 Word 文档,前提是已经安装了 Word 软件。切记,创建文件的时候,文件扩展名是默认的,且不能修改。

任务 3 在(E:)盘窗口下,重命名“信息技术培训班”文件夹为“福达中学信息技术培训班”。

第 1 步 通过以下两种方法进入文件夹重命名编辑状态。

方法 1 ①选择“信息技术培训班”文件夹;②单击工具栏【文件】选项;③选择【重命名】菜单项。

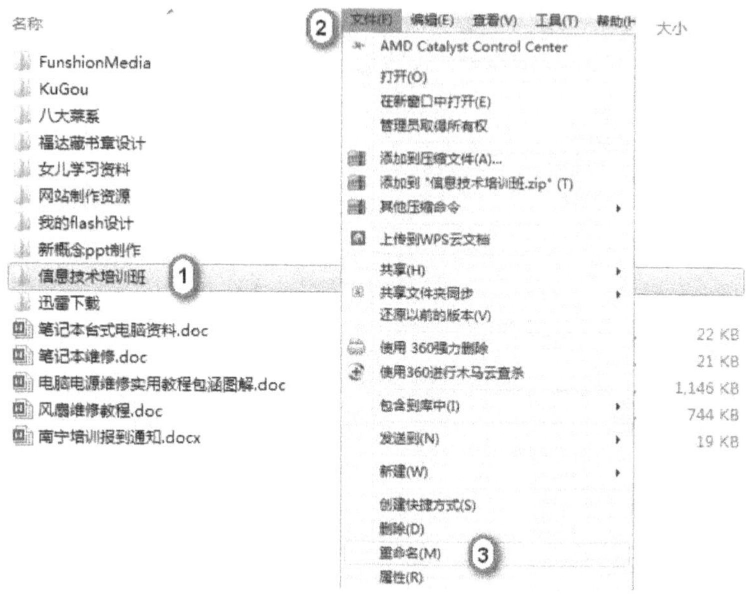

图 1-3-19

方法2 右击“信息技术培训班”文件夹，在弹出的快捷菜单中，选择【重命名】菜单项。

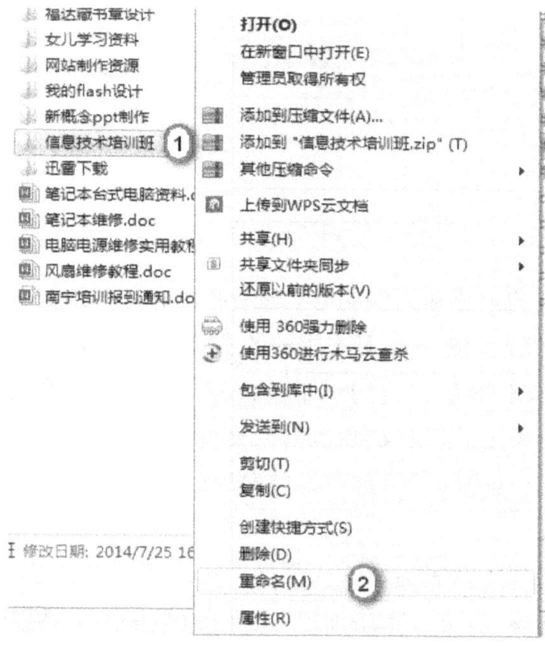

图 1-3-20

第 2 步 在文件夹名重命名编辑编辑状态下，输入新文件夹名“福达中学信息技术培训班”，回车确认即可完成文件夹重命名。

图 1-3-21

拓展 文件的重命名和文件夹的重命名，也很多相似的地方，文件的重命名可以参考文件夹的重命名方法。

选定文件和文件夹

选定文件和文件夹，是执行文件和文件夹操作的基础。要对文件和文件夹进行操作，就要记住一个原则：“先选择，后操作”。选定文件和文件夹有以下几种方式：

方式 1 单个文件或文件夹的选定

单击要选中的文件或文件夹，就可选定该对象。

方式 2 选定多个连续的文件或文件夹

先单击选择第一个文件和文件夹，然后按住 Shift 键，再单击选择最后一个文件或文件夹。这样就可以选择首尾相连的连续的文件和文件夹了。

方式 3 选定多个不连续的文件或文件夹

按住 Ctrl 键后，用鼠标单击选定不同的文件或文件夹。

方式 4 选定所有的文件或文件夹

在当前窗口中，①按快捷组合键 Ctrl+A 键；②单击菜单栏【编辑】，选择【全部选定】菜单项；③按左键(或右键)拖动属标，通过圈选实现全部选定。

复制文件和文件夹

复制文件和文件夹，指的是在计算机中为文件和文件夹建立副本。出于安全和工作的需要，很多情况下需要为文件或文件夹建立副本。以下介绍复制文件和文件夹的操作方法。

方法 1 用剪贴板

①选定要复制的文件和文件夹；②单击右键，在快捷菜单上执行【复制】

命令或单击【编辑】菜单，选择【复制】菜单项；③打开目标位置窗口。单击右键，在快捷菜单上执行【粘贴】命令或单击【编辑】菜单，选择【粘贴】菜单项。

方法2 用快捷组合键

①选定要复制的文件和文件夹；②单选定文件和文件夹，按 Ctrl+C 键，在目标文件夹或窗口按 Ctrl+V 键。

方法3 用【发送到】

①选定文件和文件夹；②单击右键，在快捷菜单中选【发送到】，并选定发送到的目标文件和文件夹。

方法4 用左键拖曳

①同一磁盘中的复制：选中对象，按 Ctrl 键拖动选定的对象到目标地；②不同磁盘中的复制：选中对象，拖动选定的对象到目标地。

方法5 用右键拖曳

①选定要复制的文件和文件夹；②用右键拖曳到目标文件和文件夹，释放鼠标右键，弹出快捷菜单，选择【复制到当前位置】菜单项即可。

拓展 为了提高复制、粘贴的操作效率，我们一般用快捷组合键来实现。选定准备复制的文件或文件夹，按下快捷组合键 Ctrl+C，完成复制操作；激活准备粘贴文件或文件夹的目标窗口，按下快捷组合键 Ctrl+V，完成粘贴操作。

注意：在复制操作中，目标文件夹有同名的文件或文件夹，会出现同名提示对话框，请根据需要选择替换方案。

移动文件和文件夹

文件、文件夹的移动与复制文件、文件夹类似。移动与复制的区别：

1. 从执行的步骤看：复制执行的是“复制”命令，而移动执行的是“剪切”命令。

2. 从执行的结果看：复制之后，在目标位置保存一个与原文件相同的副本；移动就是把源文件搬家，源文件将从原来的位置，保存至新的位置，只在目标位置有这个文件。

3. 从执行的次数看：在复制中，执行一次“复制”命令可以“粘贴”无数次；而在移动中，执行一次“剪切”命令却只能“粘贴”一次 。

方法1 用剪贴板

①选定要移动的文件和文件夹；②单击右键，在快捷菜单上执行【剪切】

命令或单击【编辑】菜单，选择【剪切】菜单项；③打开目标位置窗口。单击右键，在快捷菜单上执行【粘贴】命令或单击【编辑】菜单，选择【粘贴】菜单项。

方法2 用快捷组合键

①选定要移动的文件和文件夹；②单选定文件和文件夹，按 Ctrl+X 键，在目标文件夹或窗口按 Ctrl+V 键。

方法3 用左键拖曳

①同一磁盘中的移动：选中对象，拖动选定的对象到目标地；②不同磁盘中的移动：选中对象，按 Shift 键再拖动选定的对象到目标地。

方法4 用右键拖曳

①选定要复制的文件和文件夹；②用右键拖曳到目标文件和文件夹，释放鼠标右键，弹出快捷菜单，选择【移动到当前位置】菜单项即可。

文件和文件夹的删除与恢复

●删除文件和文件夹到回收站

方法1 ①选定文件和文件夹；②按 Del 键，移到回收站。

方法2 ①选定文件和文件夹；②单击右键，在快捷菜单中中选【删除】，可移到回收站。

方法3 直接在窗口的菜单中，利用【删除】按钮移到回收站。

拓展 如果需要直接永久删除选定的文件或文件夹，而不需移到回收站删除，进行以上 3 种删除操作的时候，同时按住 shift 键即可。

注意：从 U 盘上删除文件和文件夹，不会移到回收站，将直接删除。

●恢复文件和文件夹

删除文件或者文件夹后，Windows7 提供了一些反悔方法，用来恢复删除的文件或文件夹，恢复的文件，将重新出现在原来的位置。

方法1 ①打开【回收站】窗口，选定需要恢复的文件或文件夹；②弹出右键快捷菜单，选择【还原】菜单项；③选择菜单栏【文件】，选择【还原】菜单项。

用此方法的前提是，删除的文件或文件夹，是移动到了回收站，并没有被清空的情况下。

方法2 在执行删除的窗口下，利用菜单栏【编辑】下拉菜单中的【撤消删除】菜单项，可以还原上一步操作。

此种方法适合刚刚删除，马上后悔，没有进行其他操作的情况下，可以撤销上一步的删除动作。

●清空回收站

方法 1 右击【回收站】桌面图标，选择【清空回收站】快捷菜单项。

方法 2 打开【回收站】窗口，利用菜单栏【文件】下拉菜单的【清空回收站】或利用右键快捷菜单的【清空回收站】菜单项。

创建文件和文件夹快捷方式

为文件或文件夹创建快捷方式，可以把快捷方式放在本机的任何位置，方便快捷打开文件和文件夹。

第 1 步 ①右击需要创建快捷方式的文件夹或文件夹；②在弹出的快捷菜单中选择【发送到】菜单项；③在弹出的下拉菜单中，选择【桌面快捷方式】。如图所示。

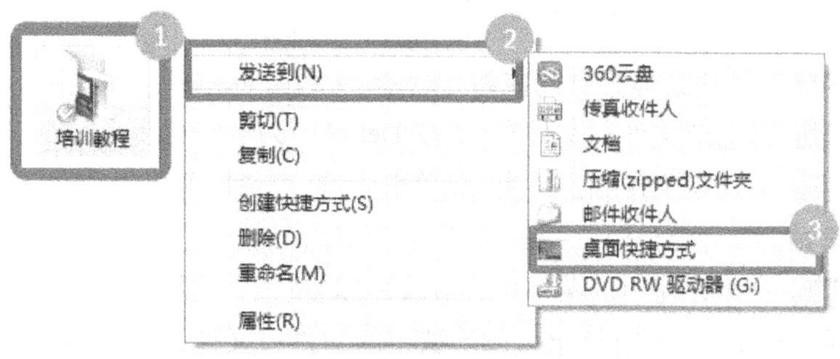

图 1-3-22

第 2 步 在桌面图标中，可以看到刚刚创建的快捷方式。为了方便记忆或者美观，也可对此快捷方式重命名。如图所示。

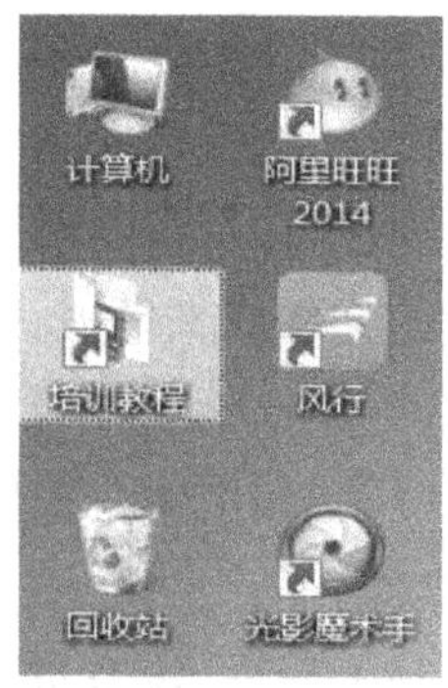

图 1-3-23

树立良好的文件管理理念

计算机基本操作的主要对象是文件和文件夹，只有科学地进行管理，才能学好用好计算机。建议如下：

1. 文件和文件夹要分门别类存放，并起一个容易识别的名字。

2. 善用磁盘分区，多操作系统的计算机不能把几个操作系统放在同一磁盘。操作系统盘不能放过多的应用软件。

3. “我的文档”是系统默认的文件夹，存放在操作系统盘上，所以不能把“我的文档”放得太满，以免影响运行速度。

4. 删除无用的文件和文件夹。文件越多，磁盘空间越少，运行速度减慢，所以应及时清除无用的文件和文件夹。

1.3.4 上机实践案例

在 Windows7 下，如何获得文件的完整路径？

场景：电话那头或者 QQ 那头，您的领导（或同事、亲戚、朋友等）问你某个文件放在什么位置，那么长一大串文件夹路径，用嘴说不明白，要在键盘上把路径打出来也过于麻烦。有什么办法可以解决这个问题呢？

其实这个问题很简单，只需要简单的键盘和鼠标操作就可完成。首先通过 Win7 的资源管理器找到目标文件或者文件夹，然后同时点击鼠标右键与键盘上的 Shift 键即可看到菜单上的“复制为路径”，这个文件或文件夹所在目录的路径即可完整的粘贴在 Win7 自带的剪贴板上了。

现在随便在写字板、Word 或者即时通讯软件中用“Ctrl+V”，就可以轻松将剪贴板上记录的目标文件的完整路径拷贝出来了。

如何找到遗忘存储位置的文件夹或文件夹？

又到了写期末总结的时候了，今年的成绩和往年一样辉煌，这个时候我们就想找出去年写的总结来的参考一下。可是，伤透脑筋也回想不起来它在计算机的哪个角落。

不用着急。Windows 具有强大的搜索功能，如果想搜索某种格式的文件，使用搜索功能很方便。

第1步 ①打开【计算机】窗口；②在【计算机】窗口的搜索框输入搜索关

键字,按回车确认搜索。如图所示。

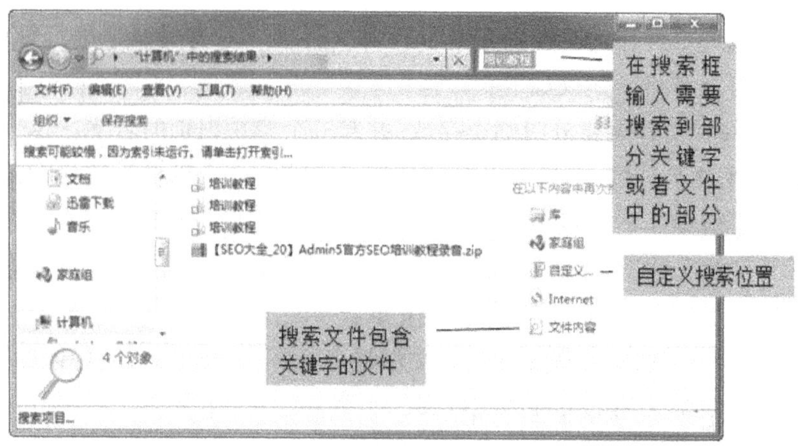

图 1-3-24

第 2 步 搜索结束后,出现的【在以下内容中再次搜索:】选项,可以更改搜索条件,进行更加精准的搜索。如上图所示。

播放教学视频时,如何快速退出全屏窗口?

方法 1:双击窗口。

方法 2:按 Esc 键退出全屏。

如何设置 Win7 下搜索文件中包含的文字?

在 XP 系统的搜索选项中,有两个输入栏,一个供文件检索,一个供文字检索。但是在 Win7 中没有这样的对话框,所以在 Win7 中需要做以下修改。

第一步:打开【计算机】;

第二步:在工具中选择【文件夹】选项;

第三步:将搜索内容该为“始终搜索文件名和内容”。

然后点击应用、确定,即可在我的电脑对话框右上角输入要搜索的内容,回车。

1.4 计算机网络基本操作

本节主要学习连接网络的方式、上网常用的IE游览器、浏览网页、收藏网页、使用搜索引擎等。

1.4.1 连接上网的方法

互联网技术的发展与应用,已经渗透到社会的各个领域,与人们的生活、工作、学习都息息相关。对于教育事业来说,互联网的发展,不仅催生了各种新的在线教育模式,也促进了传统课堂模式的不断探索。让网络为教育事业服务,是教师不得不面对的一个新课题。

任何需要使用互联网的计算机,必须通过某种方式与互联网进行连接,本节将一步一步地引领大家连接网络,走进丰富多彩的互联网虚拟世界。

什么是互联网

互联网是目前世界上最大的计算机网络,音译“因特网”或“英特网”。有一种粗略的说法,认为Internet是由许多小的网络(子网)互联而成的一个逻辑网,每个子网中连接着若干台计算机(主机)。Internet以相互交流信息资源为目的,基于一些共同的协议,并通过许多路由器和公共互联网而成,它是一个信息资源和资源共享的集合。

单独提起互联网,一般都是互联网或接入其中的某网络,有时将其简称为网或网络(the Net)。对互联网的使用,人们称之为“上网”“冲浪”(web surfing)、“浏览”及“漫游”,而使用互联网的人则称之为“网民”,网上朋友称为“网友”。

2014年7月21日,中国互联网信息中心CNNIC发布第34次调查报告,报告显示,截至2014年6月,我国网民规模达6.32亿,其中手机网民达5.27亿,互联网普及率超过世界平均水平。在我们利用手机、平板电脑、笔记本电脑、台式电脑等遨游网络的时候,我们仅仅是数以亿计的网民中平凡的一员。

建立ADSL宽带连接

ADSL接入是一种新的数据传输方式,是普通用户接入互联网的方式之一。它因为上行和下行带宽不对称,因此称为非对称数字用户线环路。它采用频分复用技术把普通的电话线分成了电话、上行和下行三个相对独立的信道，从而避免了相互之间的干扰。即使边打电话边上网，也不会发生上网速率和通话质量下降的情况。

通常 ADSL 可以提供最高 1Mbps 的上行速率和最高 8Mbps 的下行速率（也就是我们通常说的带宽），此时线路已经无法提供正常的通话服务。最新的 ADSL2+ 技术可以提供最高 24Mbps 的下行速率，ADSL2+ 打破了 ADSL 接入方式带宽限制的瓶颈，使其应用范围更加广阔。

第 1 步 右击桌面图标【网络】，在弹出的快捷菜单中，选中【属性】，进入【网络和共享中心】。

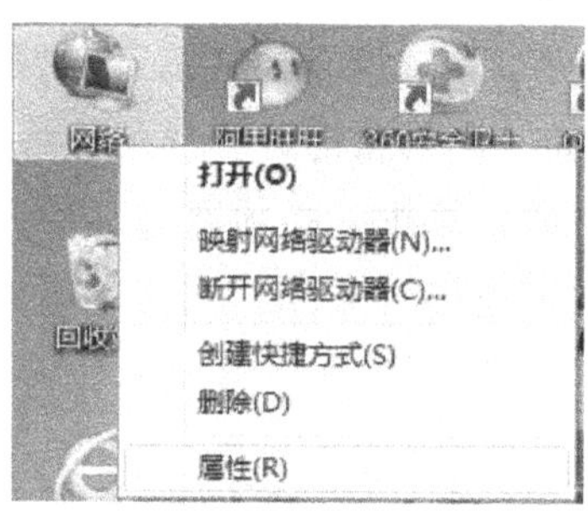

图 1-4-1

第 2 步 在【网络和共享中心】窗口中，找到【更改网络设置】区域，单击【设置新的连接网络】链接项。如图所示。

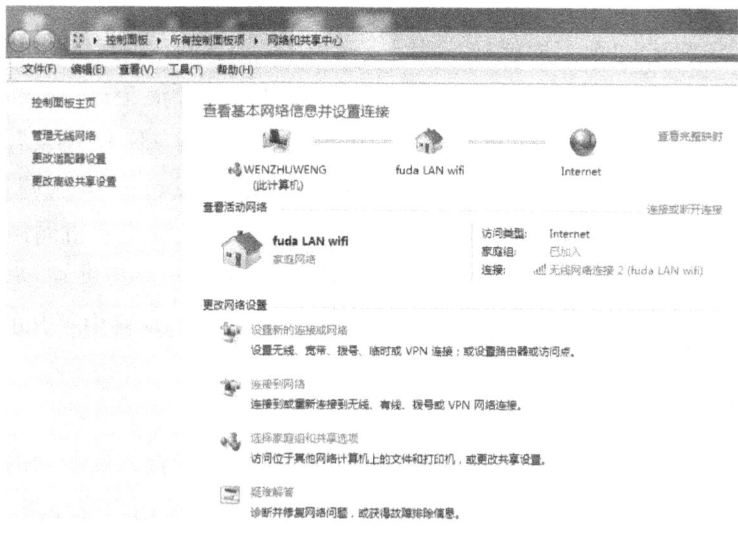

图 1-4-2

第 3 步 在弹出的【设置连接或网络】对话框中，① 在【选择一个连接选项】区域中，单击【连接到 Internet】链接项；② 单击【下一步】按钮。如图所示。

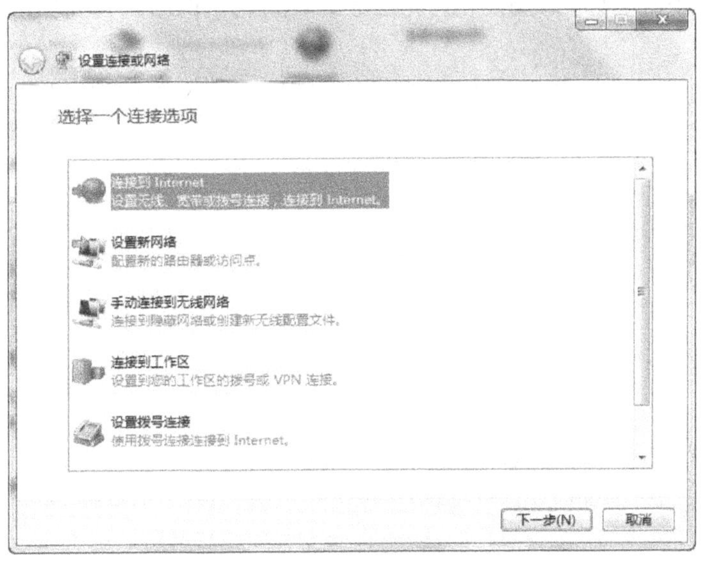

图 1-4-3

第 4 步 在弹出的【连接到 Internet】对话框中，找到【你想如何连接？】区域，单击【宽带(PPPoE)(R)】链接项。如图所示。

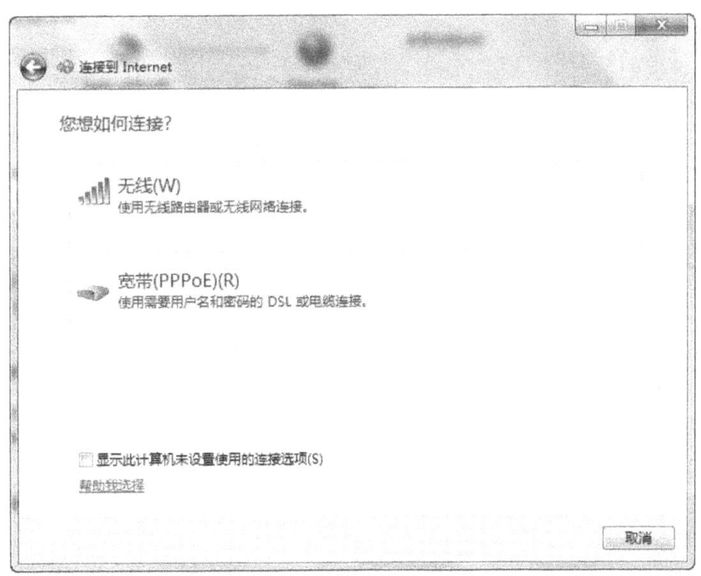

图 1-4-4

第5步 在弹出的【键入您的 Internet 服务提供商(ISP)提供的信息】窗口中,①在【用户名】文本框中输入用户名;②在【密码】文本框中输入密码;③单击【连接】按钮。如图所示。注:此处的户名密码由网络运营商提供。

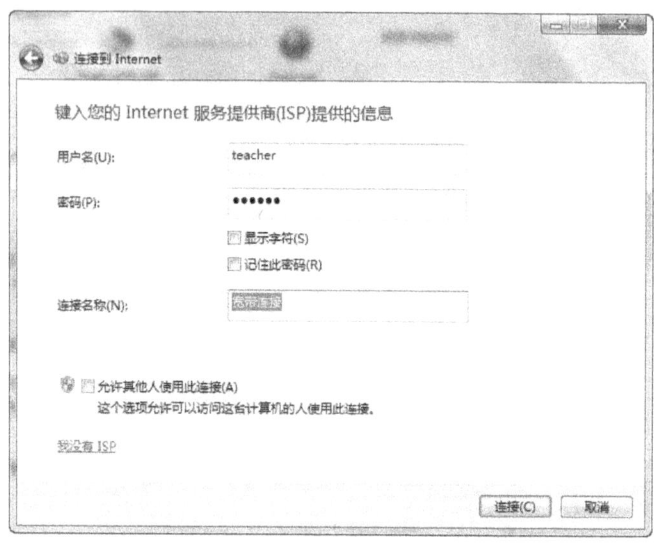

图 1-4-5

第6步 进入【正在连接到宽带连接】界面,界面显示连接测试信息。如图所示。

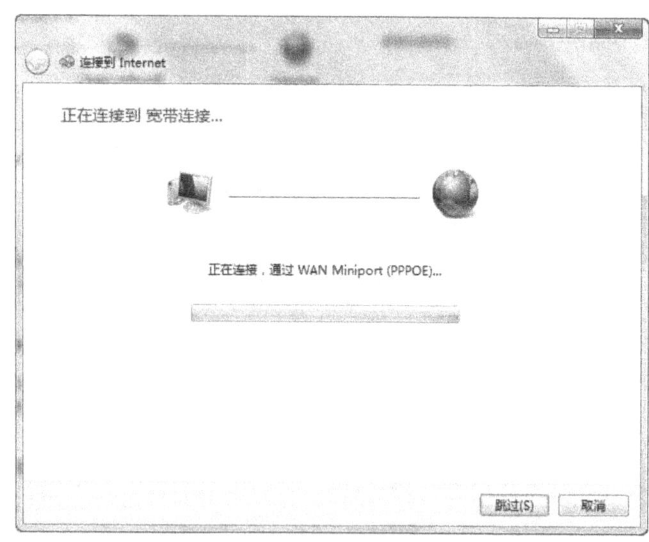

图 1-4-6

第7步 完成以上操作步骤，就可以建立 ADSL 宽带连接了，此时计算机已经连接到互联网中，我们就可以开始冲浪之旅了。将鼠标移到【网络】托盘图标，显示“宽带连接 Internet 访问”。如图所示。

图 1–4–7

修改网卡 TCP/IP 协议

除了 ADSL 拨号接入外，局域网接入也是目前一种主要的 Internet 接入方式。现在许多机关、企业、学校都建立了自己的局域网，用户可以通过这些局域网接入 Internet。

一般要求入网计算机有一个网络适配器（网卡），配置好驱动程序和 TCP/IP 协议，然后接入局域网。局域网再通过路由器或网关接入 Internet。下面主要介绍 TCP/IP 协议属性的设置。包括修改或添加 IP 地址、子网掩码、默认网关、DNS 服务器等。

第1步 右击桌面图标【网络】，在弹出的快捷菜单中，选中【属性】，进入【网络和共享中心】。

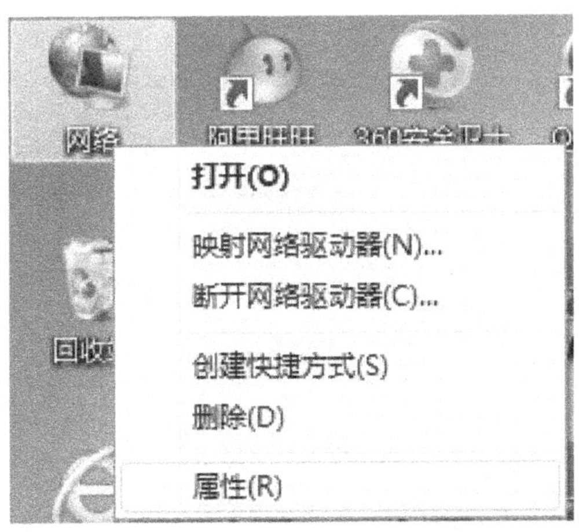

图 1–4–8

第2步 在【网络和共享中心】窗口中，单击【更改适配器设置】链接项。如图所示。

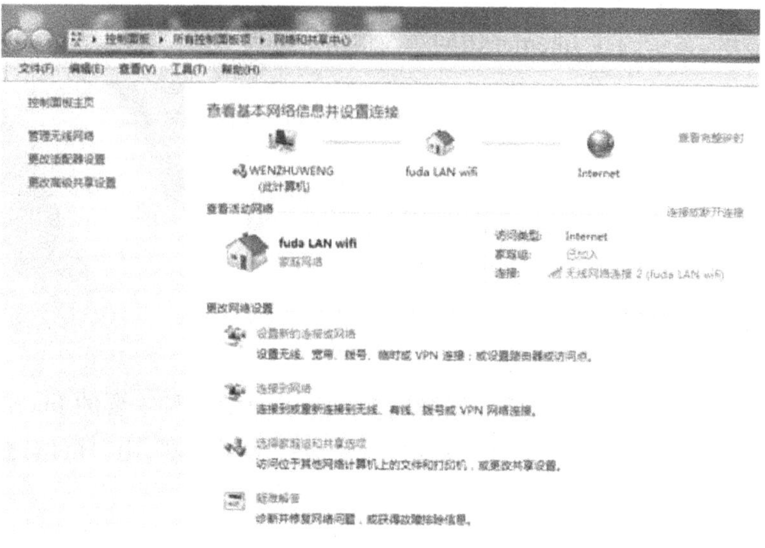

图 1-4-9

第 3 步 在【网络连接】窗口中，右击需要修改 TCP/IP 协议的网卡【本地连接】，在弹出的右键快捷菜单中，选中【属性】。

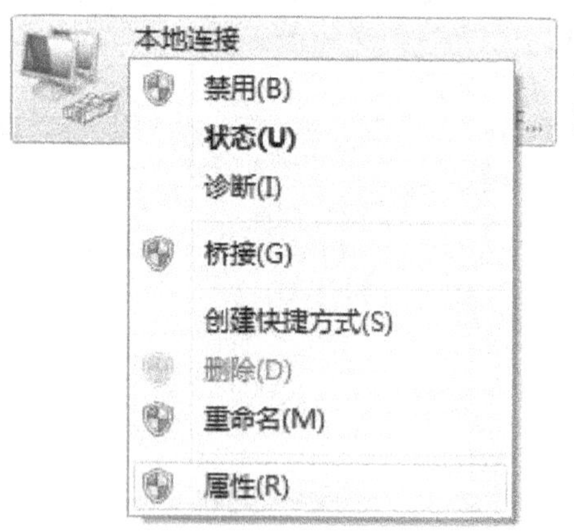

图 1-4-10

第 4 步 在弹出的【本地连接属性】对话框中，①选中【Internet 协议版本 4（TCP/IOV4）】项目；②单击【属性】。如图所示。

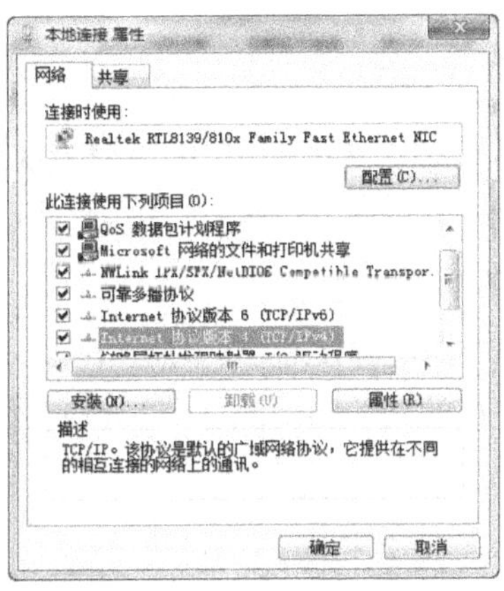

图 1-4-11

第 5 步 在弹出的【Internet 协议版本 4(TCP/IPV4)属性】对话框中，①根据服务提供商或者管理员提供的信息，填写对应项目；②单击【确定】完成设置。如图所示。

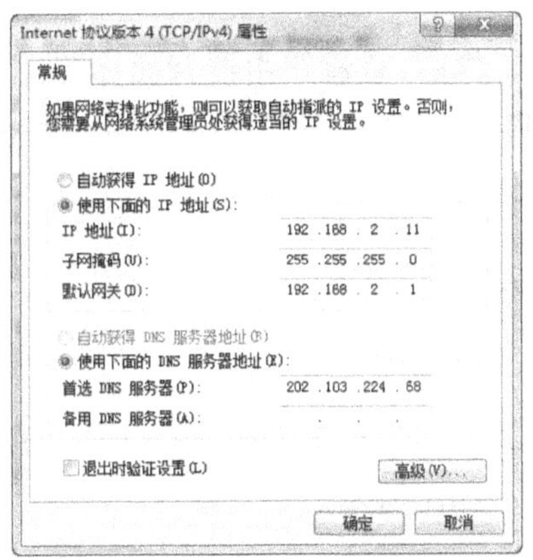

图 1-4-12

第 6 步 完成以上操作步骤，就可以建立局域网连接了，此时计算机已经连接到互联网中，我们就可以开始冲浪之旅了。将鼠标移到【网络】托盘图标，显示“网络 Internet 访问”。如图所示。

图 1-4-13

无线路由器的设置

现如今，大多是一条宽带多人多机共用，这就必须用到路由器了。说到路由器，先得提无线路由器。在家里，不光电脑用到，笔记本电脑用到，手机也需要用到。下面介绍如何设置无线路由器。

第 1 步 先把无线路由器电源接通，然后插上网线，进线插在 wan 口(一般是蓝色口)，和计算机网卡连接的网线随便插一个 lan 口。线路连接方式，如图所示。

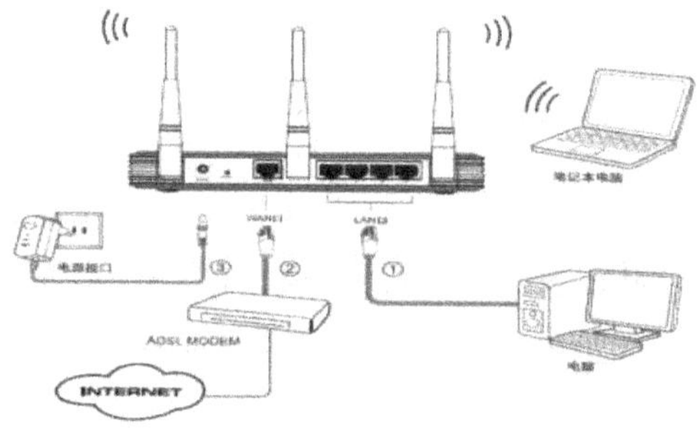

图 1-4-14

第 2 步 做好以上工作后，查看路由器背面标签，上面标注有默认设置的 IP、帐号和密码，连接好后在浏览器地址栏输入路由器 IP 地址，一般是 192.168.1.1。如图所示。

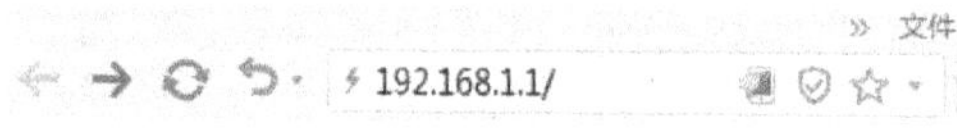

图 1-4-15

第 3 步 回车后进入，出现登录界面，输入相应的帐号和密码，一般默认帐号和密码都是 admin。如图所示。

Windows 安全

位于 TP-LINK Wireless N Router WR740N 的服务器192.168.2.1要求用户名和密码。

警告：此服务器要求以不安全的方式发送您的用户名和密码(没有安全连接的基本认证)。

admin

记住我的凭据

确定 取消

图 1-4-16

第 4 步 按【确定】按钮进入管理操作界面，点击左边导航的【设置向导】链接。如图所示。

图 1-4-17

第 5 步 进入设置向导界面，点击【下一步】。如图所示。

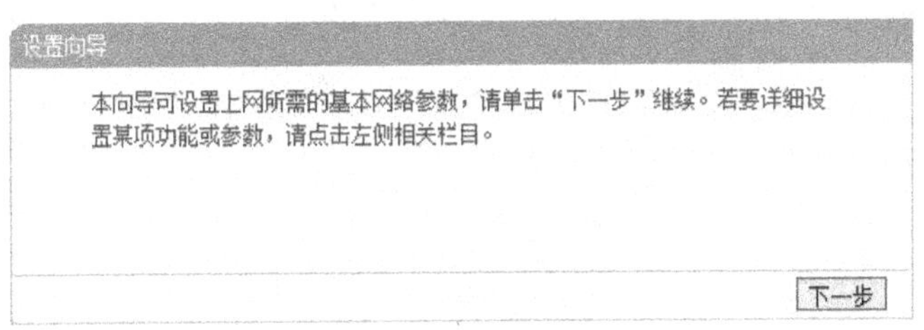

图 1-4-18

第 6 步 进入【上网方式】设置，有三种上网方式的选择，如果是拨号上网就用 PPPoE；动态 IP 一般电脑直接插上网络就可以使用；上层有 DHCP 服务器自动分配 IP。静态 IP 一般是专线，也可能是小区带宽、局域网接入等；本节以 PPPoE 为例，选中【PPPoE】单选框，点击【下一步】。如图所示。

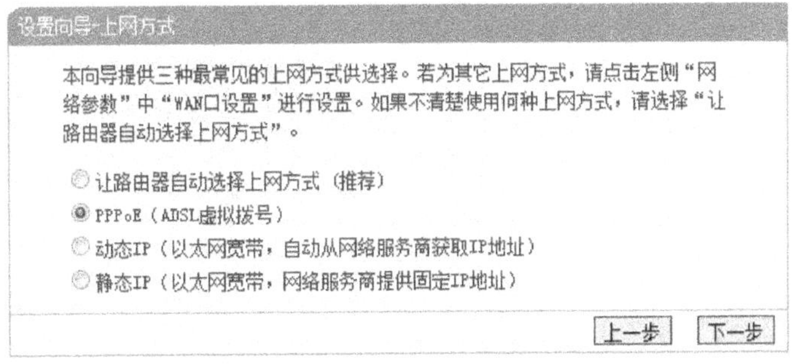

图 1-4-19

第7步 接下来，填写网络帐号和密码(此帐号和密码由服务商提供或者局域网管理员提供)，填写无误后，点击【下一步】，完成向导设置。如图所示。

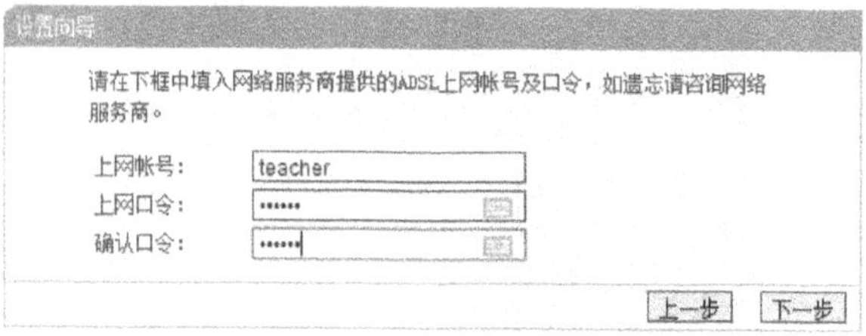

图 1-4-20

第8步 接下来进行无线设置，在【无线网络基本设置】页面，我们可以看到信道、模式、安全选项、SSID 等，SSID 是路由器发送的无线信号的名字，设置好后，手机或笔记本电脑的无线网卡搜索到无线路由器的信号，就会显示这个名字。信道可以填自动，模式大多用 11bgn。

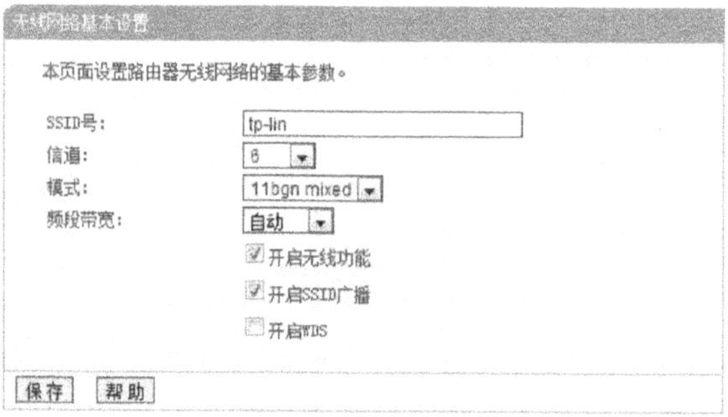

图 1-4-21

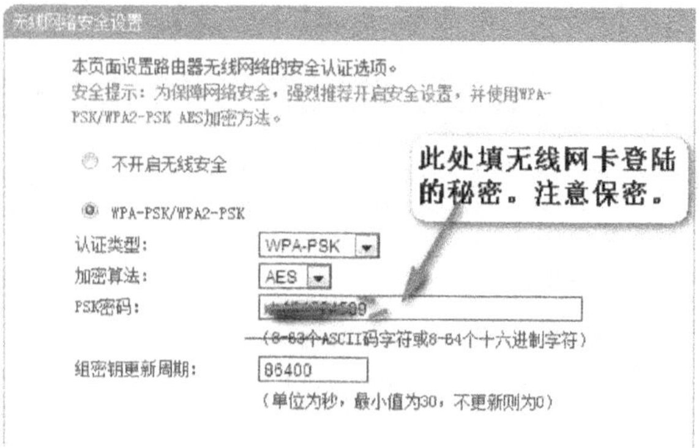

图 1-4-22

第 9 步 接下来需要设置【无线网络安全设置】。无线安全选项我们要选择 WPA-PSK/WPA2-PSK，这样更安全，以免被人轻易破解。

第 10 步 点击完成，路由器会自动重启。成功启动后出现的界面为【系统状态】页面，可以看到路由器设置各种参数和路由器运行状态。

系统状态

版本信息

当前软件版本： 1.0.2 Build 20120629 Rel.68714s

当前硬件版本： TL-WVR300 v1.0

系统时间

当前系统时间： 2014-09-29 20:50:59 星期一

系统运行时间： 3小时15分7秒

WAN口状态

WAN1状态	已启用，在线	WAN2状态	已启用，物理未连接
连接方式：	PPPoE	连接方式：	动态IP
连接状态：	已连接	连接状态：	正在连接中...
在线时间：	3小时14分59秒	IP地址：	0.0.0.0
IP地址：	171.38.79.157	子网掩码：	0.0.0.0
首选DNS：	221.7.128.68	网关地址：	0.0.0.0
MAC地址：	EC-88-8F-FD-97-C0	MAC地址：	EC-88-8F-FD-97-C1

无线状态

无线功能： 启用
信道： 自动
模式： 11bgn mixed
SSIDs： fuda LAN wifi （福达热点AP）

图 1-4-23

1.4.2 认识 IE 浏览器

Internet Explorer，原称 Microsoft Internet Explorer 和 Windows Internet Explorer，简称 IE，是微软公司推出的一款网页浏览器。Internet Explorer 浏览器在全球使用率是最高的，Windows7操作系统集成了 Internet Explorer 10，是 Windows7操作系统的组成部分。

启动 IE 浏览器

在 Windows7快捷启动栏中，单击【IE 浏览器】快捷图标，就可以启动 IE 浏览器了。如图所示。

图 1-4-24

认识 IE 浏览器的工作界面

启动 IE 浏览器后，其工作界面就是一个计算机程序窗口。主要由地址搜索一体栏、选项卡、网页浏览区等部分组成。如图所示。

图 1-4-25

➡地址搜索一体栏：输入网址或要搜索的关键字，软件会自动识别网址和关键字，如果输入的是网址就直达网址指向的网页，如果输入的是关键字，就通过默认搜索引擎搜索关键字。

➡选项卡：IE 浏览器默认为多选项卡显示，每打开一个网页，就会显示一个选项卡。单击选项卡右边的【关闭】按钮，就可关闭选项卡。

➡网页浏览区：IE 浏览器工作界面最大的显示区域，用来显示当前网页的内容。

1.4.3 浏览网络信息

浏览网页时上网冲浪的主要功能，本节将详细介绍如何使用 IE 浏览器浏览网络信息。

输入网址打开网页

通过 IE 浏览器的地址栏输入网址，是打开网页浏览网络信息常见方法。以打开玉林教育信息网为例，其操作方法如下。

第 1 步 启动 IE 浏览器，① 在【地址搜索一体栏】文本框中，输入玉林教育信息网的网址 http://www.yledu.net.cn；② 单击【转到】按钮，如图 1-4-26 所示。

第 2 步 通过以上两个步骤，就可以完成输入网址，打开网页的操作。要打开其他网址，操作方法相同。

使用超链接浏览网页

超链接是指从一个网页指向一个目标的连接关系，这个目标可以是另一个网页，也可以是相同网页上的不同位置，还可以是一个图片，一个电子邮件地址，一个文件，甚至是一个应用程序。而在一个网页中用来超链接的对象，可以是一段文本或者是一个图片。当浏览者单击已经链接的文字或图片后，链接目标将显示在浏览器上，并且根据目标的类型来打开或运行。

在浏览网页的时候，如果移动鼠标指针至超链接上时，鼠标指针就会变成“”的形状，这也是识别超链接的标志。单击超链接，链接目标就会显示在浏览区域中。如图所示，单击鼠标上的超链接，就能打开【扶新镇：奖教奖学促教育大发展】内容页面了。

图 1-4-26

保存网上信息

上网浏览信息的过程中，发现有价值的内容，往往需要保存下来。如何把网上的文本和图片保存到本地硬盘呢，下面分别介绍具体的操作方法。

第一，保存文本。如果你上网看中网页上的一些内容，想用文本的方式保存下网页上的文字信息，可以不用单纯复制粘贴方式，有时网页会有一些保护措施，禁止了复制粘贴功能，就可以用这种方式，将网络页面保存为文本格式。

第 1 步 打开所要保存的页面，在菜单栏上选择【文件】下的【另存为】(如果没有菜单栏，右击页头蓝色部分，勾选【菜单栏】就可以显示菜单栏了)。

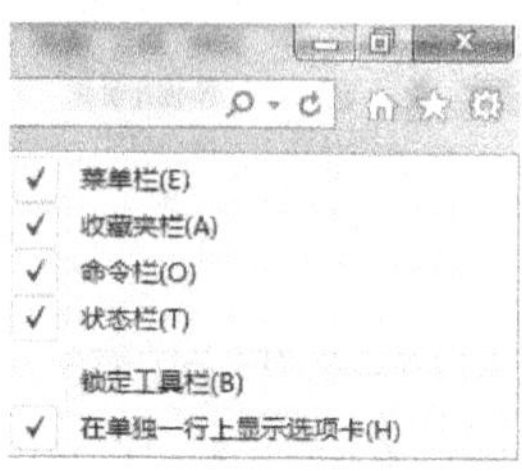

图 1-4-27

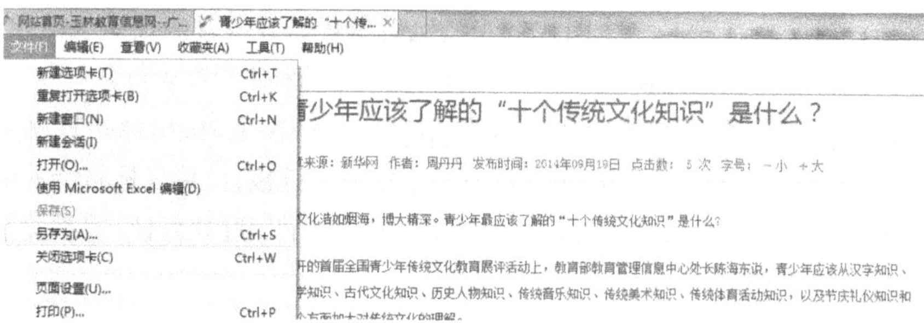

图 1-4-28

第 2 步 弹出窗口，在保存类型中选择【文本文件】，点击【保存】，网页就以文件的方式保存在指定位置了。

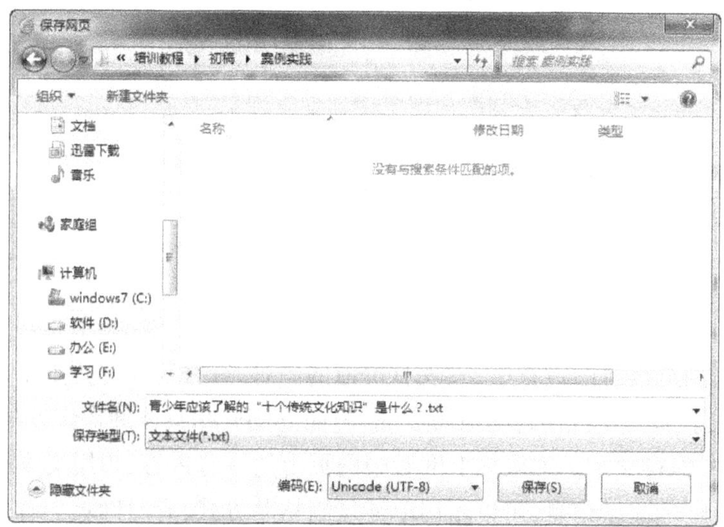

图 1-4-29

第 3 步 打开保存的位置，就可以看到刚刚保存的文本文件，打开里面就有所保存页面上全部的文字了。

青少年应该了解的"十个传统文化知识" ... 2014/9/20 9:11 文本文档 21 KB

图 1-4-30

第二，保存图片。有时候，我们需要寻找一些图片用于教学，在网上看到喜欢的图片，如何保存下来待用呢？下面介绍保存网页中图片的方法。

第 1 步 打开有需要保存图片的页面，①在要保存的图片上右击；②在弹出的右键快捷菜单中选择【图片另存为】菜单项。如图所示。

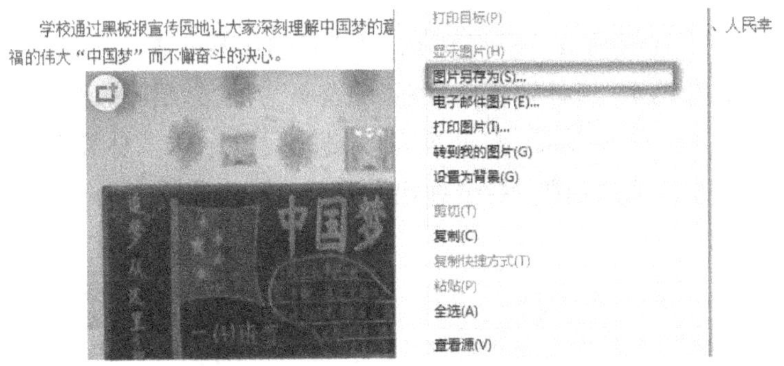

图 1-4-31

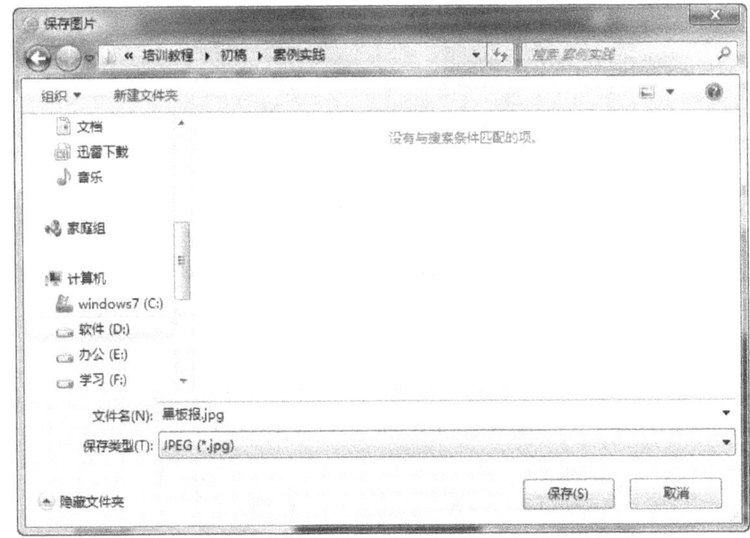

图 1-4-32

第 2 步 打开保存的位置，就可以看到刚刚保存的图片了。

名称	日期	类型	大小	标记
黑板报.jpg	2014/9/20 9:26	光影看图 JPG 图像	31 KB	

图 1-4-33

1.4.4 学会使用收藏夹

我们在上网的过程中，经常会收藏一些我们想要的网址，以便今后不需查找直接打开。这个时候，就需要使用 IE 浏览器的收藏夹功能了。

收藏网页

把经常使用到的网页，添加到 IE 浏览器的收藏夹中，可以方便下次浏览。下面以收藏网页“玉林教育信息网”的首页为例，介绍收藏网页的方法。

第 1 步 启动 IE 浏览器，打开准备收藏的网页；如“玉林教育信息网”首页，在网页浏览区域空白处，右击弹出快捷菜单，选择【添加到收藏夹】菜单项。如图所示。

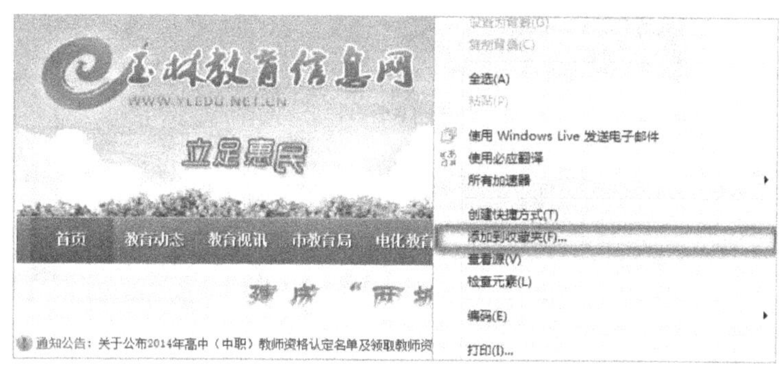

图 1-4-34

第 2 步 在弹出的【添加收藏】对话框中，① 在【名称】文本框中输入收藏页的名称，如“玉林教育信息网”；② 单击【添加】按钮。如图所示。

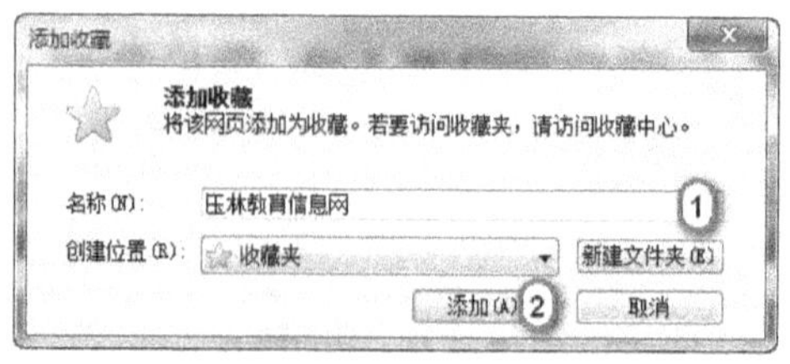

图 1-4-35

第 3 步 单击工具栏上的【收藏夹】按钮，打开收藏夹，就可以看到已经收藏的网页了。如图所示。

图 1-4-36

整理收藏夹

收藏的网页越来越多，类型也不一样，为了方便以后迅速找到收藏的页面，需要对收藏夹的网页进行分类整理。下面介绍如何整理收藏夹里的内容。

第 1 步 启动 IE 浏览器。①单击工具栏上的【收藏夹】按钮，打开收藏夹；②在弹出的下拉面板中，单击【添加到收藏夹】下拉按钮；③在弹出的下拉菜单中，选中【整理收藏夹】菜单项。如图所示。

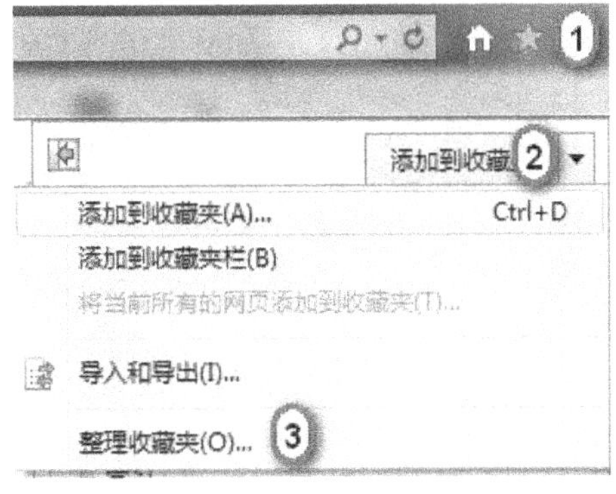

图 1-4-37

第 2 步 在弹出的【整理收藏夹】对话框中，单击【新建文件夹】按钮；新建一个文件夹，文件夹名为“办公”。如图所示。

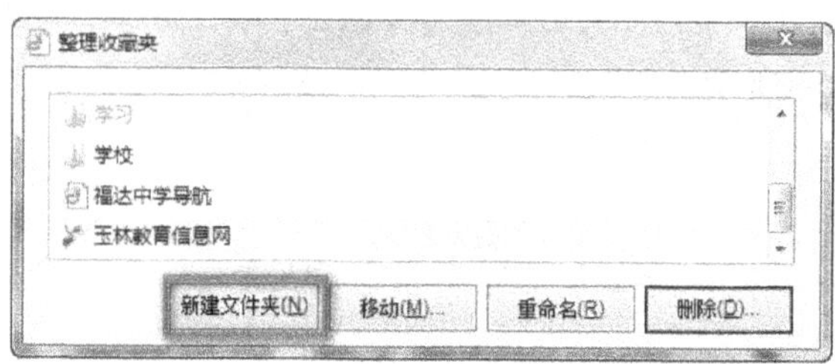

图 1-4-38

第 3 步 创建文件夹后,①选择准备移动到文件夹的网页收藏项;②单击【移动】按钮。如图所示。

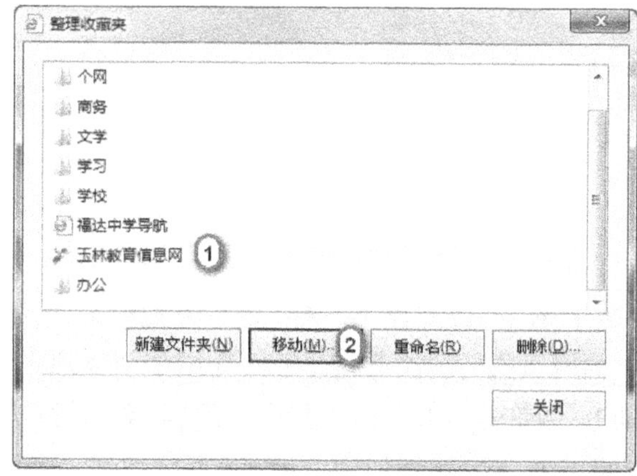

图 1-4-39

第 4 步 在弹出的【浏览文件夹】对话框中,①在【单击目标文件夹】文件夹列表框中,选择准备把收藏网页移动到的目标文件夹;②单击【确定】按钮。如图所示。

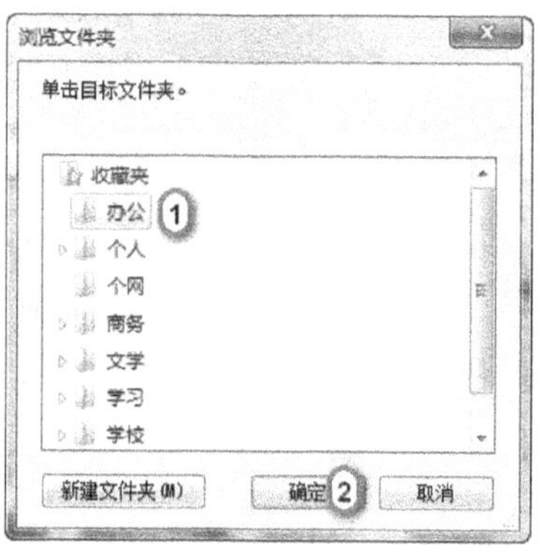

图 1-4-40

第 5 步 关闭【整理收藏夹】对话框，完成收藏夹管理过程。

技巧 整理收藏夹过程中，可以通过鼠标拖曳，达到快速移动收藏页面的目的。

设置 IE 浏览器主页

图 1-4-41

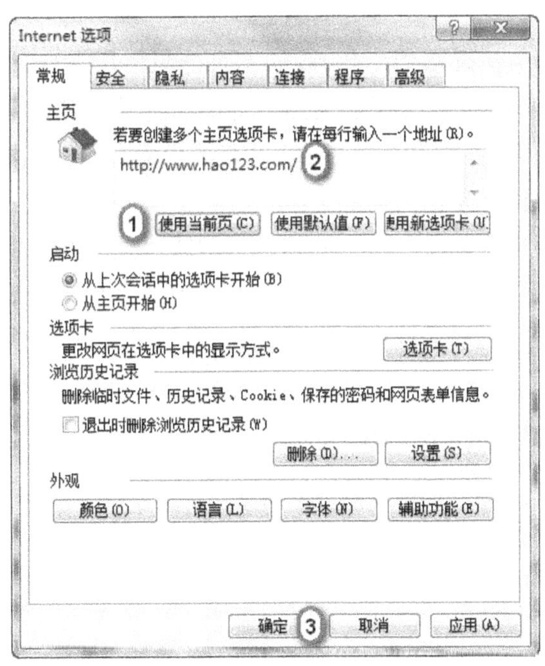

图 1-4-42

随着互联网的发展，成千上万的网站数不胜数，令网民眼花缭乱，无从下手。这时候，网址导航网站就成了网民的好帮手，通过网址导航网站，可以快速找到自己需要的网站，而不用去记住各类网站的网址，直接进到所需的网站。

网址导航从诞生的那一刻起，就凭借其简单的模式和便利的服务以及良好的用户体验深得民心。下面，以“hao123 中文上网导航”网站为例，将上网导航网站首页设置为 IE 浏览器主页，每次打开 IE 浏览器，就可以自动打开首页，导航上网了。

第 1 步 ①启动 IE 浏览器，打开“hao123 中文上网导航”网站首页；②单击菜单栏【工具】；③在弹出的菜单上，选中【Internet 选项】。如图 1-4-41 所示。

第 2 步 在弹出的【Internet 选项】对话框中的【常规】选项卡中，①单击【使用当前页】按钮；②“hao123 中文上网导航”网站首页就会出现在主页选项卡中的文本框；③单击【确定】按钮，就完成了 IE 浏览器的主页设置。如图 1-4-42 所示。

第 3 步 重新打开 IE 浏览器，就会自动打开设置好的主页了。

上网导航首页和网络收藏夹

随着工作和生活环境的变化，我们不可能只使用一台计算机。当计算机重装系统或更换计算机，又或者使用另外一台计算机的时候，之前收藏的网址是否还可使用呢，答案是肯定的。国内有不少优秀的浏览器，它们或基于 IE 内核或兼容 IE 内核，为我们提供了网络收藏夹。

下面，以“搜狗浏览器”为例，介绍一下网络收藏夹的使用方法。

第 1 步 ①启动“搜狗浏览器”，单击工具栏上的【帐户中心】按钮；②在弹出的【网络帐户登陆】对话框中，单击【快速注册】链接项。如图所示。

图 1-4-43

第 2 步 在【快速注册】的文本框中，填入对应的信息，单击【快速注册】按钮，完成帐号注册过程。

图 1-4-44

警告 要记住注册的帐号和密码，所谓好记性不如烂笔头，建议用一个笔记本记录下来，以便下次登陆。

第 3 步 在【网络帐户登陆】对话框中填入注册信息，就可以登陆到帐户中心，使用网络收藏夹了。如果已经登陆了 QQ，也可以按【使用 QQ 登陆】按钮，而不需要输入繁琐的帐号和密码。如图所示。

图 1-4-45

警告 如果在公共计算机登陆，不要勾选【自动登陆】复选框，以免个人信息外泄。勾选【自动登陆】复选框后，下次打开搜狗浏览器，就会自动登陆到帐户中心了。

第 4 步 登陆【帐户中心】后，本地收藏夹就会和网络收藏夹同步，让您的收藏夹永不丢失，也可以在另外的计算机中打开网络收藏夹，随时随地找到自己收藏的网址了。

图 1-4-46

1.4.5 学会使用搜索引擎

学习了网上浏览信息，那么在海量的网上信息中，查找自己需要的信息，又该如何做呢？在学习网上搜索信息之前，需要先理解两个概念。

第一，搜索引擎。是指互联网上专门提供查询服务的网站，这些网站通过复杂的网络搜索系统，将大量网站的页面收集到一块，经过分类处理并保存起来，从而能够对用户提出的各种查询做出响应，给出用户需要的信息。

提供查询服务的网站很多，国外有 Google、雅虎、必应等；国内有百度、搜狗、360 搜索等。这些网站为我们在互联网上查找各种资料、信息提供了极大的便利。如果使用得当，我们只需输入不多的几个关键字，想要的信息及相关的网站，就会在瞬间汇集到眼前，由自己挑选，省去了跑图书馆、寻师访友的劳累。

第二，关键字。简单来说，关键字就是用户在使用搜索引擎时输入的、能够最大程度概括用户所要查找的信息内容的字或者词，是信息的概括化和集中化。

关键词可以是任何中文、英文、数字，或中文英文数字的混合体。

例如，搜索【福达中学】、【Windows】、【J-10】、【歼-10】等。

关键词可以输入一个，也可以输入两个、三个、四个，甚至是一句话。

例如，可以搜索【福】、【中学】、【在哪里】、【福达中学】、【福达中学在哪里】等。

技巧 输入多个关键词搜索，可以获得更精确更丰富的搜索结果。注意关键字之间要用空格隔开。

那么，如何正确使用搜索引擎呢？下面介绍使用搜索引擎网站来检索自己所需信息的方法。

使用 IE 浏览器搜索信息

IE 浏览器集成了搜索引擎，IE10 浏览器的【地址搜索一体栏】集成了搜索引擎功能，初装的 IE10 浏览器，默认集成了微软的“必应”搜索引擎网站，利用 IE 浏览器搜索信息，是最便捷的一种搜索方法。

第 1 步 ①启动 IE 浏览器后，在【地址搜索一体栏】文本框中输入准备搜索信息的关键字，如“福达中学”；②按【转至】按钮或者键盘的【回车键】确认搜索。如图所示。

图 1-4-47

第 2 步 网页跳转到【必应】搜索结果的网页中，显示与搜索关键字相关的网页，通过以上方法即可完成使用 IE 浏览器搜索信息。如图所示。

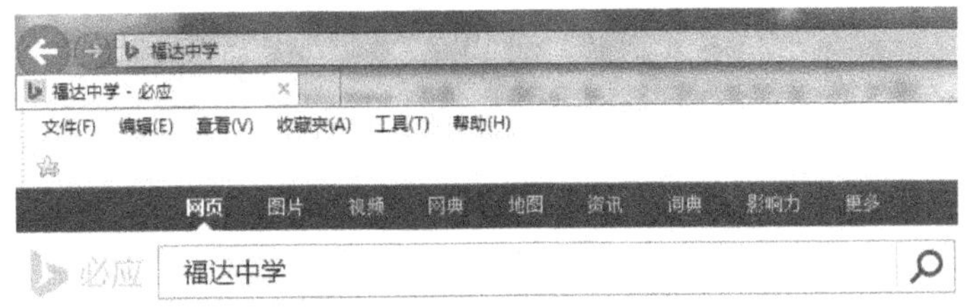

图 1-4-48

拓展 IE 浏览器【地址搜索一体栏】中集成的默认搜索引擎是可以更改的，如果有必要，我们也可以把自己的喜欢的搜索引擎集成到 IE 浏览器中，并将它设置成默认搜索引擎，比如“百度”。这样，在【地址搜索一体栏】输入关键字后，搜索出来的结果就是百度搜索出来的结果了。

使用搜索引擎网站搜索信息

搜索引擎网站众多，各有各的优点，我们可以根据需要选择搜索引擎网站。比如“百度”是我们中国内地的搜索引擎网站，比较符合国人的习惯。下面就以“百度”为例，介绍搜索引擎的使用方法。

第 1 步 ①启动 IE 浏览器，打开“百度”首页，在搜索文本框中输入准备搜索的信息的关键字，如“李白”；②单击【百度一下】按钮。如图所示。

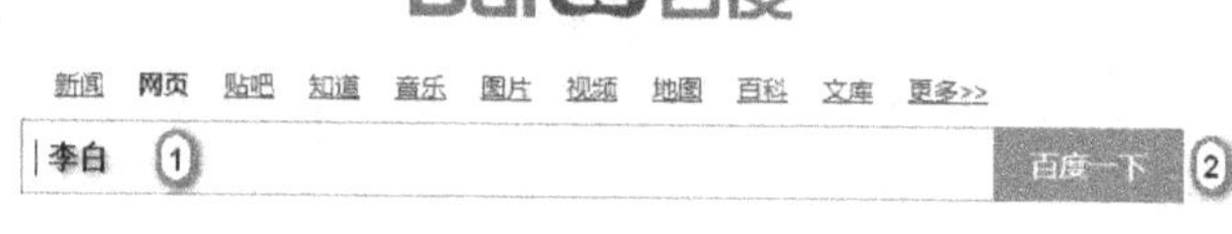

图 1-4-49

第 2 步 网页跳转到【百度】搜索结果的网页中，显示与搜索关键字“李白”的相关网页。如图所示。

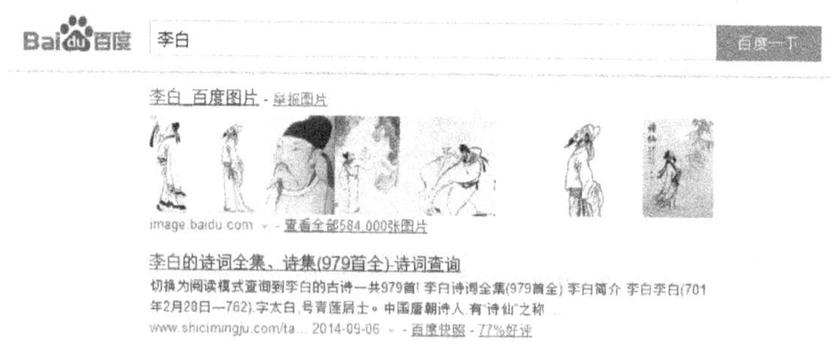

图 1-4-50

第 3 步 在搜索结果页面底下，还有【相关搜索】关键字推荐。最底下，还有分页显示页面，如果第一页没有需要的信息，可以尝试下一页，直至最后一页查看。

技巧 一般来说，排在最前面的，是与关键字最接近的信息，如果前几页没有找到需要的信息，应该考虑调整关键字。

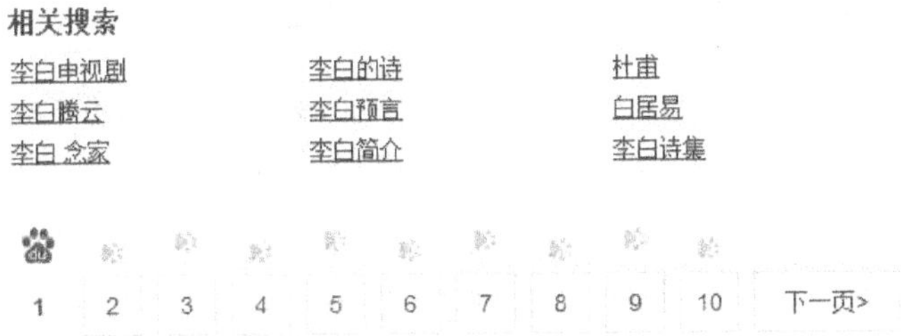

相关搜索

李白电视剧　李白的诗　杜甫

李白腾云　李白预言　白居易

李白 念家　李白简介　李白诗集

1 2 3 4 5 6 7 8 9 10 下一页>

图 1-4-51

拓展 如果搜索结果不理想，可以调整关键字，或者采用多关键字。比如在本例中，假设本意要搜索的是“李白的诗歌中关于神仙的信息”，单独搜索【李白】肯定是不行的，单独搜索【神仙】也不行。把关键字调整为【李白神仙】搜索结果就与预期接近很多了。如图所示。

图 1-4-52

1.5 计算机的组装与维护

本节主要介绍计算机的硬件组成、外部清洁、计算机病毒知识、常用维护软件。

1.5.1 计算机配件的组装和线路的连接

了解一些计算机内设，能让我们更好地认识主机的内部结构；了解计算机外设的连接，有利于我们处理一些计算机常见的故障。

认识计算机机箱内的各部分组件

计算机主机，指计算机硬件系统中用于放置主板及其他主要部件的容器(Mainframe)。通常包括 CPU、内存、硬盘、光驱、电源以及其他输入输出控制器和接口，如 USB 控制器、显卡、网卡、声卡等等。位于主机箱内的通常称为内设，下面介绍计算机内设组件。

1.机箱：机箱作为电脑配件中的一部分，它的主要作用是放置和固定各电脑配件，起到一个承托和保护作用。此外，电脑机箱具有屏蔽电磁辐射的重要作用。

2.电源：计算机的电源为开关电路，将普通交流电转为直流电，再通过斩波控制电压，将不同的电压分别输出给主板、硬盘、光驱等计算机部件。

3.主板：是计算机最基本的也是最重要的部件之一。主板一般为矩形电路板，上面安装了组成计算机的主要电路系统，一般有 BIOS 芯片、I/O 控制芯片、键盘和面板控制开关接口、指示灯插接件、扩充插槽、主板及插卡的直流电源供电接插件等元件。

4.CPU：中央处理器是一块超大规模的集成电路，是一台计算机的运算核心和控制核心。

5.内存：内存是计算机中重要的部件之一，它是与 CPU 进行沟通的桥梁。计算机中所有程序的运行都是在内存中进行的，因此内存的性能对计算机的影响非常大。内存(Memory)也被称为内存储器，其作用是用于暂时存放 CPU 中的运算数据，以及与硬盘等外部存储器交换的数据。

6.硬盘：是电脑主要的存储媒介之一，用于存储数据资料。

7.显卡：显卡的用途是将计算机系统所需要的显示信息进行转换驱动，并向显示器提供数据信号，控制显示器的正确显示，是连接显示器和个人电脑的重要元件，是“人机对话”的重要设备之一。

8.光驱：是计算机用于读写光碟数据的设备，随着多媒体的应用越来越广泛，光驱在计算机诸多配件中已经成为标准配置。

图 1-5-1

认识机箱背面板

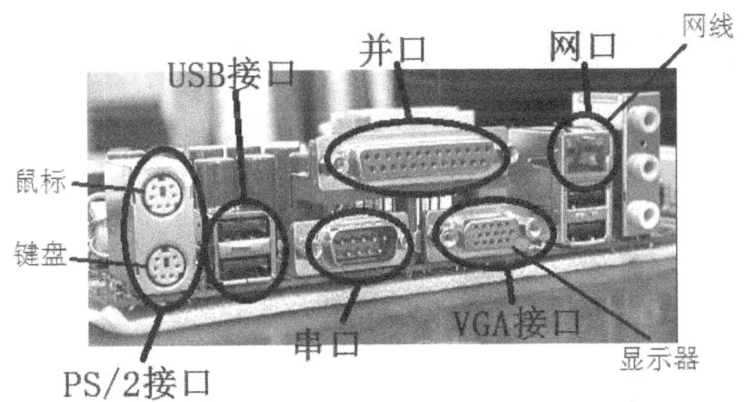

图 1-5-2

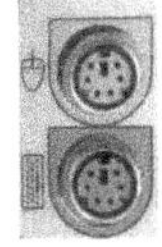	**PS/2 接口：**鼠标和键盘普遍采用 PS/2 接口，其中鼠标使用浅绿色接口，键盘使用紫色接口。由于传输信号不同，两者不能混插，不能热插拔。

LPT 并行接口 Parallel Port/Interface:

并行接口采用 25 针的双排插口,除普遍应用于连接打印机外,还可用于连接扫描仪、ZIP 驱动器甚至外置网卡、磁带机以及某些扩展硬盘等设备。

串行接口 Serial Port:

目前串行接口都采用 9 针的连接方式直接集成在主板上。一般情况下,电脑主板都提供两个串行接口,用于连接游戏手柄,手写板等。

音频接口:

蓝色接口为音频输入。

绿色接口为音频输出,一般连接音箱或耳机。

红色接口为麦克风,一般连接麦克风、耳麦、话筒。

网卡接口:

网卡 (ETHERNET) 按总线接口可以分为 ISA、VESA、EISA、PCI、USB、PCMCIA 等几种接口类型。目前主流的网卡是 PCI 接口的网卡或者是主板集成的网卡。其主要功能是用于电脑之间的互连,或者用于连接 Internet。

USB 接口(Universal Serial Bus 通用串行总线接口):

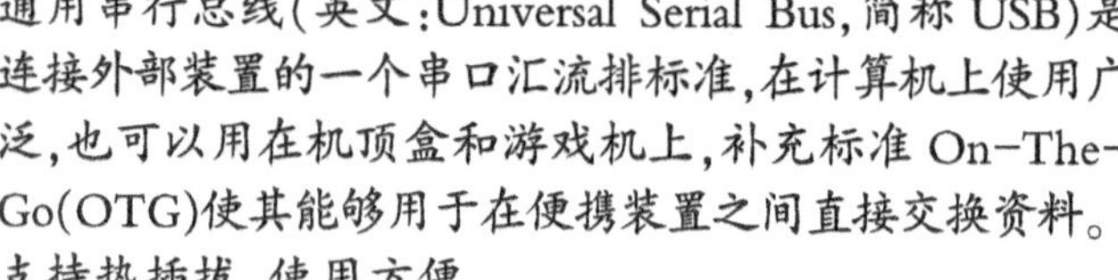

通用串行总线(英文:Universal Serial Bus,简称 USB)是连接外部装置的一个串口汇流排标准,在计算机上使用广泛,也可以用在机顶盒和游戏机上,补充标准 On-The-Go(OTG)使其能够用于在便携装置之间直接交换资料。支持热插拔,使用方便。

USB 接口可以连接 USB 鼠标、USB 键盘、外置读卡器、摄像头、数码相机、数码摄像机、打印机、游戏手柄等等。

显卡:显卡全称显示接口卡(Video card,Graphics card),又称为显示适配器(Video adapter),显示器配置卡简称为显卡。

认识机箱前面板

一般计算机主机箱都有前面板，一般有电源开关、重启按钮，音频、话筒接口，USB 接口，硬盘指示灯等，目的是方便使用者使用，因为这些计算机都是最常用的按钮和接口。

图 1-5-3

认识计算机外部设备连接

计算机外设一般包括显示器、键盘、鼠标、打印机、USB 设备、电源线等，正确连接计算机外设，才能使得计算机各个部件正常工作。如图 1-5-4 所示。

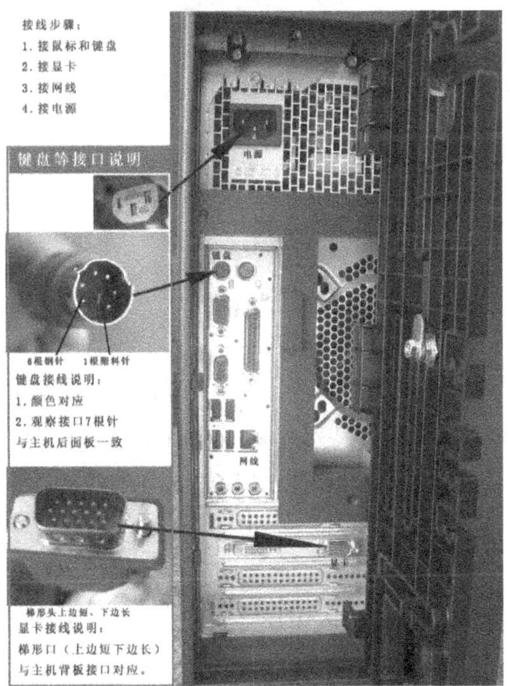

图 1-5-4

灰尘是计算机的杀手，灰尘多的环境，主机箱内部积满灰尘，就会产生不良后果。一是散热不畅，主机在高温环境下，运行变慢，容易死机，长期下去，会严重缩短计算机电子元器件的寿命；二是造成短路，特别是回潮天气环境下，主板短路的危险性增加。通过定期对计算机除尘、清洗，可以有效延长电脑使用寿命。

1.5.2 计算机除尘工具

工欲善其事必先利其器。除尘工具一般有：螺丝刀、橡皮、防静电毛刷和抹布，有条件可准备：老虎皮、润滑油、吹风机等。

一、金手指橡皮擦

由于内存金手指时间长了会氧化或者上面有灰尘，导致内存接触不良报警、不显示等，这个橡皮擦可以清洁金手指，去除氧化层（见图 1-5-5）。

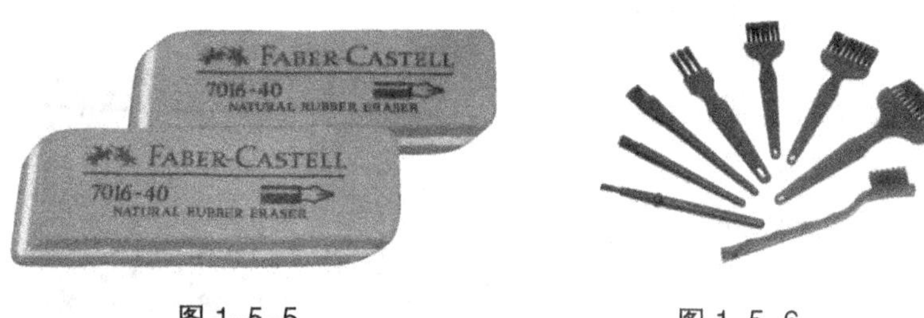

图 1-5-5　　图 1-5-6

二、防静电毛刷

防静电毛刷（见图 1-5-6），用于清洁主板灰尘，不同形状的刷子对于清洁元器件间的缝隙有特殊作用。为什么要用防静电刷子呢，因为主板芯片最怕静电了，静电可以把芯片击穿，造成主板损坏。

三、皮老虎

一边用刷子刷，一边用皮老虎（见图 1-5-7）吹，可以让清洁效果看得见，让清洁工作不留死角。

图 1-5-7

图 1-5-8

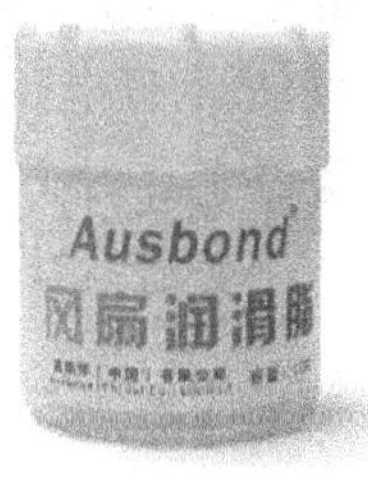

图 1-5-9

四、抹布

抹布用于清洁机箱内壁大面积的灰尘,不能用湿的。不可用抹布来清洁主板,以免毛线损坏元器件。

五、吹风机

大功率的吹风机(见图 1-5-8),对于计算机除尘,可以提高除尘效率。一般来说,先用吹风机做初步除尘,再用毛刷做进一步的细致清洁,整个清洁过程就完善了。

六、润滑油

用来润滑主机箱内的散热风扇,可以降低噪音,保持风扇稳定性,畅通散热通道(见图 1-5-9)。

计算机除尘注意事项

第一,打开机箱之前,先要确认计算机各个配件的质保期,以免破坏保修标签,给售后服务带来麻烦。

第二,注意动手时一定要轻拿轻放,因为电脑各部件都属于精密仪器。

第三,拆卸时,注意各插接线的方位,如硬盘线、电源线等,以便正确还原。如果怕不记得,可以用相机拍照,或者画图记忆。

第四,用螺丝固定各部件时,应首先对准部件的位置,然后再上紧螺丝。尤其是主板,略有位置偏差就可能导致插卡接触不良;主板安装不平将可能会导致内存条、适配卡接触不良甚至短路,天长日久甚至可能会发生形变导致故障发生。

第五,由于电脑板卡上的集成电路器件多采用 MOS 技术制造,这种半导体器件对静电高压相当敏感。当带静电的人或物触及这些器件后,就会产生静电释放,而释放的静电高压将损坏这些器件。电脑维护时要特别注意静电防护。

准备好工具，了解了操作时的注意事项后就可以开始给电脑做清洁了。下面附上一张清洁计算机图的示意图,初步了解计算机除尘的重点位置。

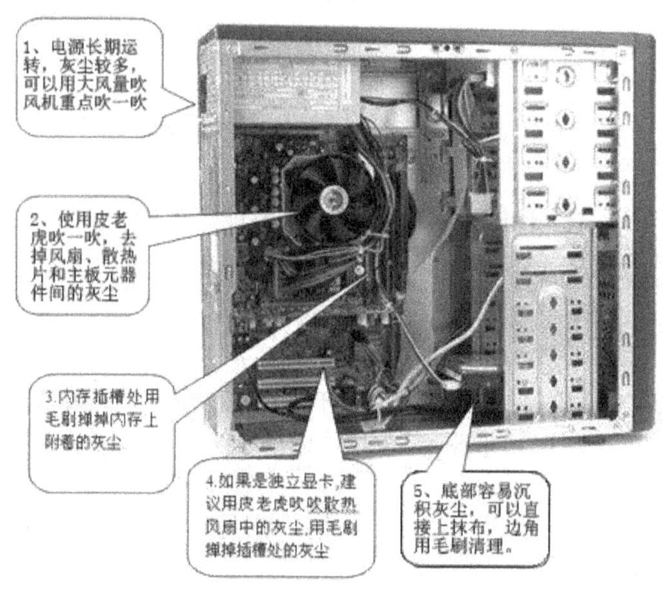

图 1-5-10

1.5.3 认识计算机病毒

计算机病毒(Computer Virus),在《中华人民共和国计算机信息系统安全保护条例》中被明确定义,病毒指“编制或者在计算机程序中插入的破坏计算机功能或者破坏数据,影响计算机使用并且能够自我复制的一组计算机指令或者程序代码”。

由此可以见,计算机病毒是具有自我复制能力的计算机程序,它能影响计算机软件、硬件的正常运行,破坏数据的正确与完整。简单说,计算机病毒就是人为制造的,对计算机起破坏作用的计算机程序。

计算机病毒的特征

计算机病毒之所以能迅速蔓延,是因为这种具有破坏性的计算机程序有以下特征:

1. 寄生性

计算机病毒寄生在其他程序之中，当执行这个程序时，病毒就起破坏作用，而在未启动这个程序之前，它是不易被人发觉的。

2. 传染性

计算机病毒不但本身具有破坏性，更有害的是具有传染性，一旦病毒被复制或产生变种，其速度之快令人难以预防。计算机病毒是一段人为编制的计算机程序代码，这段程序代码一旦进入计算机并得以执行，它就会搜寻其他符合其传染条件的程序或存储介质，确定目标后再将自身代码插入其中，达到自我繁殖的目的。

3. 潜伏性

一个编制精巧的计算机病毒程序，进入系统之后一般不会马上发作，可以在几周或者几个月内甚至几年内隐藏在合法文件中，对其他系统进行传染，而不被人发现，潜伏性愈好，其在系统中的存在时间就会愈长，病毒的传染范围就会愈大。

4. 隐蔽性

计算机病毒具有很强的隐蔽性，有的可以通过病毒软件检查出来，有的根本就查不出来，有的时隐时现、变化无常，这类病毒处理起来通常很困难。

5. 破坏性

计算机中毒后，可能会导致正常的程序无法运行，计算机内的文件被删除或受到不同程度的损坏。通常表现为：增、删、改、移。病毒破坏性的大小完全取决于该病毒编制者的意愿。

计算机病毒的传播途径

计算机病毒具有自我复制和传播的特点，因此，研究计算机病毒的传播途径是极为重要的。从计算机病毒的传播机理分析可知，只要是能够进行数据交换的介质都可能成为计算机病毒传播途径。传统的手工传播计算机病毒的方式与现在通过 Internet 传播相比速度要慢得多。

1. 不可移动的计算机硬件设备

这些设备通常有计算机的专用 ASIC 芯片和硬盘等。这种病毒虽然极少，但破坏力却极强，目前尚没有较好的检测手段。

2. 移动存储设备

可移动式磁盘包括软盘、CD-ROM（光盘）、磁带、U 盘（含数码相机、

MP3、手机等)、移动硬盘等,其中 U 盘是使用广泛、移动频繁的存储介质,因此也成了计算机病毒寄生的“温床”。盗版光盘上的软件和游戏及非法拷贝也是目前计算机病毒传播的主要途径之一。随着大容量可移动存储设备如 Zip 盘、可擦写光盘、磁光盘(MO)等的普遍使用,这些存储介质也将成为计算机病毒寄生的场所。

3. 计算机网络

现代信息技术的巨大进步已使空间距离不再遥远,“相隔天涯, 如在咫尺”,但也为计算机病毒的传播提供了新的“高速公路”。计算机病毒可以附着在正常文件中通过网络进入一个又一个系统,国内计算机感染一种“进口”病毒也不再罕见。在我们信息国际化的同时,病毒也在国际化。比如电子邮件、即时通信软件、网页等都可以成为计算机病毒迅速蔓延的载体。

4. 点对点通信系统和无线通道

目前,这种传播途径还不是十分广泛,但预计在未来的信息时代,这种途径很可能与网络传播途径成为病毒扩散的两大“时尚渠道”。

5. 利用系统漏洞进行传播

由于操作系统固有的一些设计缺陷,导致被恶意用户通过畸形的方式利用后,可执行任意代码,这就是系统漏洞。病毒往往利用系统漏洞进入系统,达到传播的目的。

计算机病毒的查杀

图 1-5-11

当计算机出现下列症状时，很有可能是感染了计算机病毒：计算机启动速度较慢且无故自动重启，工作中机器出现无故死机现象，桌面上的图标发生变化，在运行某一正常应用软件时，系统经常报告内存不足，文件的数据被篡改或丢失，系统不能识别存在的硬盘等。

要清除计算机病毒，首先要认识以下清除计算机病毒的工具——杀毒软件。常见的杀毒软件有 360 杀毒、金山毒霸、江民、瑞星、卡巴斯基等。

其中 360 杀毒软件是一款永久性免费软件，虽然不算很专业，但是对付一般的常见病毒和新病毒还是很有效果的，非常适合个人用户，在网民中的口碑也不错。

计算机病毒的防治

计算机病毒的防治以“预防为主”。防范病毒入侵的有效方法是堵塞传播渠道。

1. 尽量避免在无防毒软件的机器上使用移动存储介质，使用移动存储设备拷贝文件时，应先用杀毒软件扫描后再打开。
2. 使用正版软件，不使用盗版光盘。
3. 安装防病毒软件或计算机保护、维护软件。
4. 不打开来历不明的邮件或网页。
5. 对于交换的软件和数据文件，要先检测，确认无病毒时方可使用。
6. 计算机中的重要资料必须备份，以防止硬盘数据被破坏后带来不可估量的损失，对重要文件，要经常进行备份，以便当系统遭到破坏时，能及时得以恢复。
7. 对执行重要工作的机器，要专机专用，专盘专用。
8. 经常升级操作系统的安全补丁，尽量到微软官方网站去下载最新的安全补丁，以防患于未然。

1.5.4 常见的计算机维护软件

安全卫士

360 安全卫士是一款由奇虎公司推出的功能强、效果好、受用户欢迎的上网安全软件。360 安全卫士拥有查杀木马、清理插件、修复漏洞、电脑体检、电脑救援、保护隐私等多种功能。由于 360 安全卫士使用极其方便实用，功能更新及时，用户口碑极佳，是目前不可多得的免费的计算机维护软件。下面介绍360安全卫士的一些实用功能。

第1 计算机体检功能

【体检】功能，可以全面检查您计算机的各项状况。体检完成后，会提交一份优化电脑的意见，用户可以根据需求对电脑进行优化，也可以便捷地选择一键优化。

体检过程分为5步：

第1步，检测电脑系统、软件是否有故障；

第2步，检测电脑里面没用的文件缓存、系统更新时留下的补丁等；

第3步，检测是否存在可优化的开机启动项；

第4步，检测是否有病毒、木马、漏洞等；

第5步，检测电脑系统是否需要强化。

图 1-5-12

图 1-5-13

第2 木马查杀功能

【木马查杀】功能，可以找出计算机中疑似木马的程序，并在取得用户允许的情况下，删除这些程序。

图 1-5-14

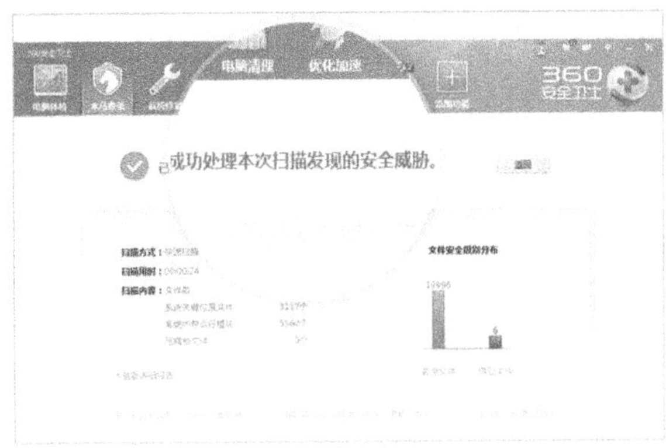

图 1-5-15

第3 漏洞修复功能

【系统修复】功能，可以检查计算机中多个关键位置是否处于正常状态。

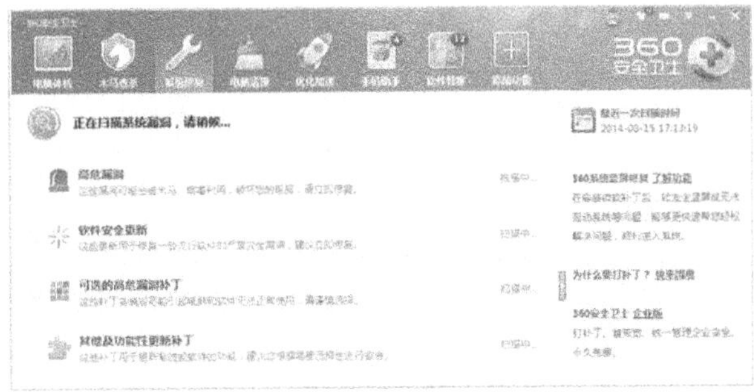

图 1-5-16

图 1-5-17

第4 电脑清理功能

【电脑清理】功能,可清理无用的垃圾、上网痕迹和各种插件等,让计算机系统更快更干净。

图 1-5-18

图 1-5-19

第 5 电脑清理功能

【优化加速】功能，可全面优化系统，提升电脑速度。

【一键优化】功能，安全卫士根据检测到的系统状态，为用户自动选择可优化项。

图 1-5-20

启动项：管理开机启动项，包括禁止和开启。

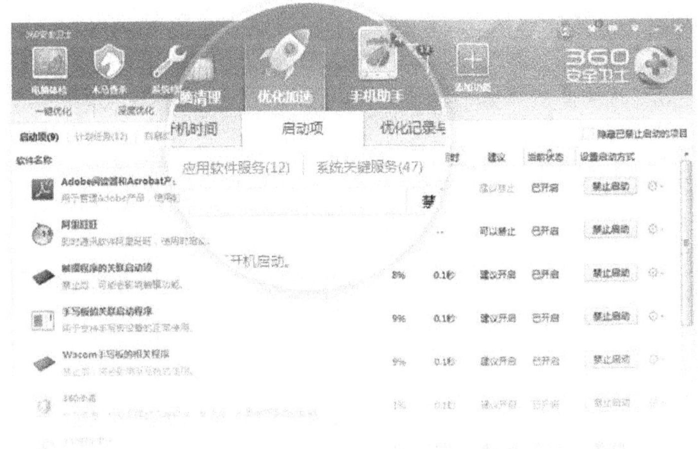

图 1-5-21

第 6 软件管家功能

【软件管家】聚合了众多安全优质的软件，用户可以方便、安全地下载。

图 1-5-22

用【软件管家】下载软件不必担心“被下载”的问题。如果下载的软件中带有插件，软件管家会提示。从软件管家下载软件更不需要担心下载到木马病毒等恶意程序。同时，软件管家还提供了“开机加速”和“卸载软件”的便捷入口，再也不担心软件卸载不干净了。

图 1-5-23

驱动精灵

驱动精灵是一款集驱动管理和硬件检测于一体的、专业级的驱动管理和维护工具。它不仅可以快速准确地检测识别系统中的所有硬件设备，而且可以通过在线更新及时地升级驱动程序，并且可以快速提取、备份及还原硬件设备的驱动程序。经常重装电脑的人一定有找驱动程序的经验，不是旧版驱动程序已经不见了，就是事先没有备份起来，找起来相当费时；用户可以利用驱动精灵的驱动程序备份功能，在电脑重装前，将目前电脑中的最新版本驱动程序全部备份下载，待重装完成时，再使用它的驱动程序还原功能安装，这样，便可以节省许多驱动程序安装的时间，并且再也不怕找不到驱动程序了。驱动精灵对于手头上没有驱动盘的用户十分实用，用户可以通过本软件将系统中的驱动程序提取并备份出来。

第1 一键体检功能

超强硬件检测能力，自动智能驱动更新，利用先进的硬件检测技术，配合驱动之家10年的驱动数据库积累，驱动精灵2008版能够检测大多数流行硬件，并自动为PC下载安装最合适的驱动程序。除了替未知设备安装驱动程序，驱动精灵还能够自动检测驱动升级，随时保持PC的最佳工作状态。

图 1-5-24

图 1-5-25

图 1-5-26

第2 驱动备份还原功能

对难以在网上找到驱动程序的设备，驱动精灵的驱动备份技术可完美实现驱动程序备份过程。硬件驱动可被备份为独立的文件、Zip压缩包、自解压程序或自动安装程序，系统重装不再发愁。

当然了，驱动精灵的还原功能同样简单易用。通过驱动精灵备份的自安装驱动程序可自动完成驱动安装过程，双击即可完成硬件驱动。

图 1-5-27

影子卫士（Shadow Defender）

Shadow Defender 是一款小巧却功能强大的保护软件，提供一个和 Windows 完全一样的虚拟环境，你的任何操作都不会影响真实的系统，一切改变将在退出影子模式后消失，支持多分区，支持转储，支持排除。

如果您的计算机使用环境经常遇到病毒攻击，这个软件能够使您的计算机实现重启还原，杜绝病毒、恶意操作等对系统的破坏，非常适合公共计算机的保护。

第1 分区保护功能

①启动 Shadow Defender 窗口，在【模式设置】中，可以选择保护的磁盘分区；②单击【进入影子模式】。③在弹出的【进入影子模式】对话框中，有两个选项：一是“重启后继续影子模式”，单击【确定】后，计算机进入影子模式，并且以后每次重启或关机，都是影子模式；二是“关机后退出影子模式”，单击【确定】后，计算机进入影子模式，但在计算机关机或者重启后，自动退出影子模式，也就是说，此模式下的影子模式，持续到关机后自动退出。

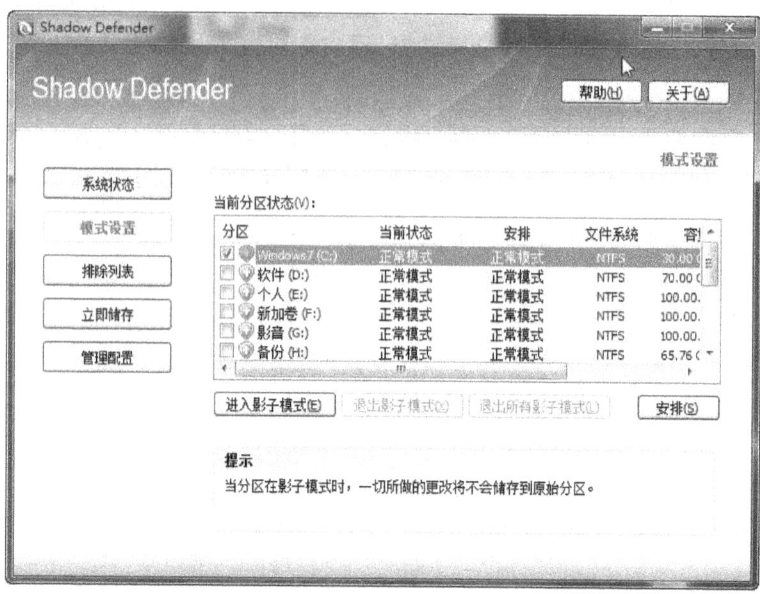

图 1-5-28

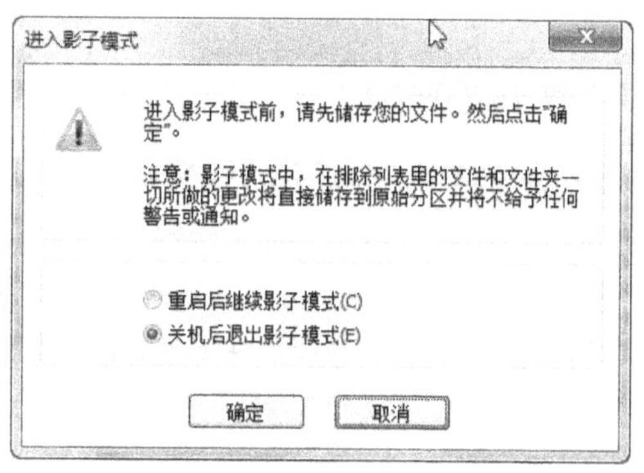

图 1-5-29

第 2 转储和排除功能

Shadow Defender 在转储和排除方面胜人一筹。①在 Shadow Defender 没有进入影子模式之前，设置排除列表，在进入影子模式后，受保护的分区中排除的文件或文件夹不在保护之内。②在 Shadow Defender 进入影子模式之后，设置【立即存储】列表，在影子模式中，可以在存储受保护的分区中存储列表中的文件或文件夹。

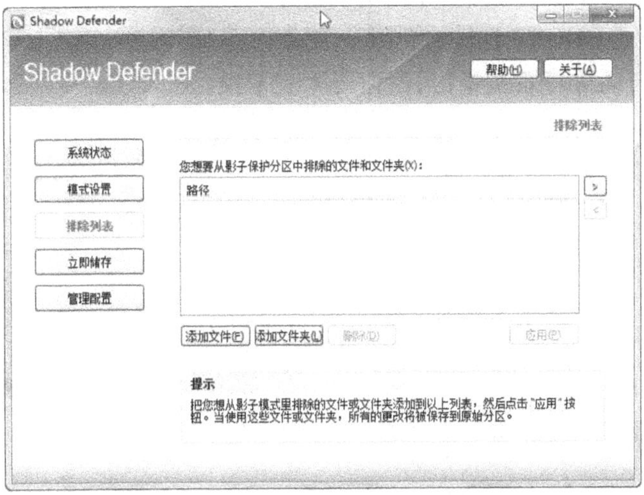

图 1-5-30

图 1-5-31

一键 GHOST

一键 GHOST 既可独立使用，又能相互配合。主要功能包括：一键备份系统、一键恢复系统、中文向导、GHOST、DOS 工具箱、个人文件转移工具。其中的一键 GHOST 和个人文件转移工具，对于计算机系统维护非常有用。

一键 GHOST 功能：高智能的 GHOST，只需按一个键，就能实现全自动无人值守操作。

第1 系统备份让计算机系统有备无患

启动一键 GHOST 软件，选中【一键备份系统】选项，单击【备份】，计算机就会重启，自动进行系统备份，不需要人工干预。

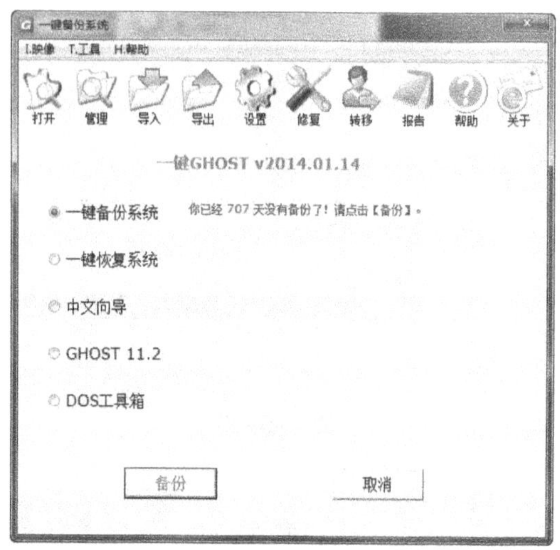

图 1-5-32

第2 系统恢复让计算机昨日重现

启动一键 GHOST 软件，选中【一键恢复系统】选项，单击【恢复】，计算机就会重启，自动进行系统恢复，不需要人工干预。

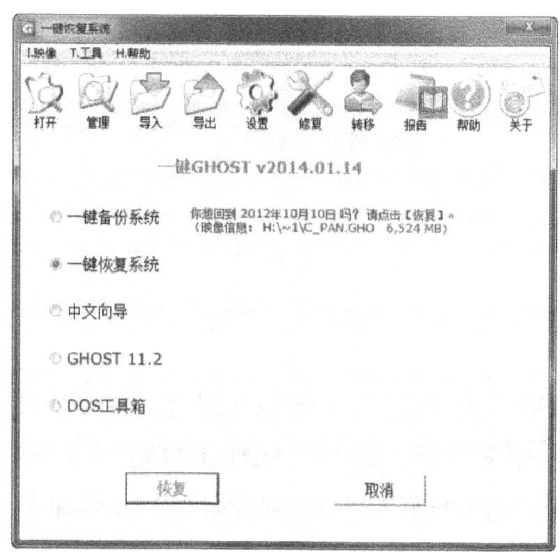

图 1-5-33

第 3 个人文件转移工具

转移个人文件夹有什么作用？转移个人用户文件夹不但可以减少 C 盘空间的占用，减轻对系统盘的频繁读写，还可以在系统重装时快速恢复原来系统的桌面、我的文档、收藏夹等文件夹中的文件。

操作方法：①启动一键 GHOST 软件，单击工具栏【转移】按钮，弹出【个人文件转移工具】对话框；②选中需要转移的个人文件夹，修改目标文件夹；③单击【转移】按钮，完成个人文件转移操作。

图 1-5-34

1.6 Microsoft Word 2010

Word 2010 旨在提供上乘的文档格式设置工具，利用它可以更轻松、高效地组织和编写文档。

本节主要是介绍 Word 2010 的界面和学习简单的文本编辑。

1.6.1 认识 Microsoft Word 2010

Microsoft Word 2010 是 Microsoft 公司开发的 Office 2010 办公组件之一，主要用于文字处理工作，它提供了世界上最出色的功能和一系列新增和改进的工具，使用户像设计专家一样设计文档。

安装 Microsoft Word 2010

下载 Office 2010 后该如何安装呢？首先从下载的文件夹里找到“setup.exe”文件，点击运行。如下图所示。

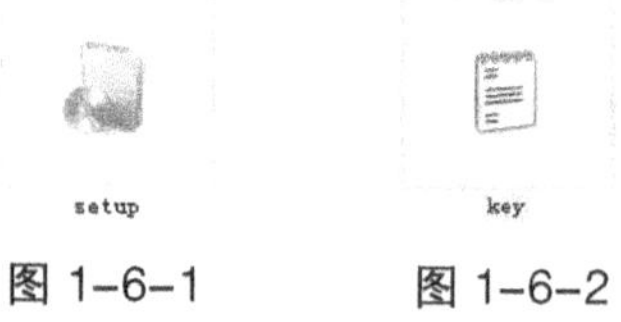

图 1-6-1　　图 1-6-2

运行安装文件后，需要输入产品密钥。在下载的文件夹里面找到“key.txt”文件，把里面的密钥复制到文本框中，如下图所示。

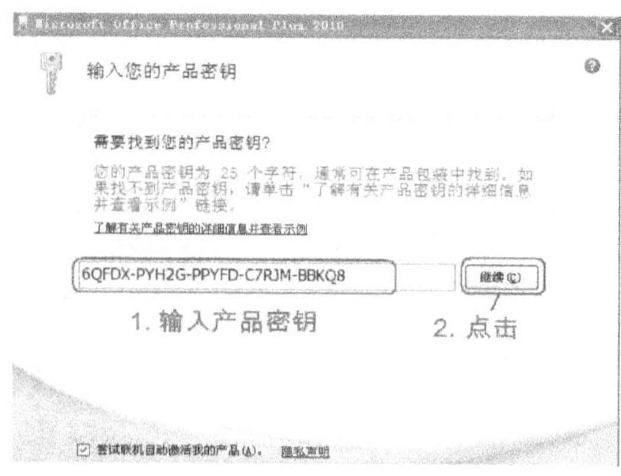

图 1-6-3

点击“继续”后，如下图，勾选“我接受此协议的条款”，点击“继续”。

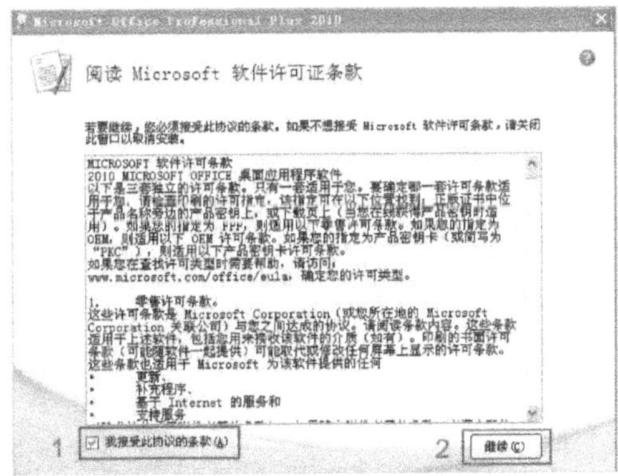

图 1–6–4

选择“自定义”安装。

图 1–6–5

在“安装选项”里选择需要安装的程序，常用的办公软件有 Word、Excel 和 PowerPoint，如图所示。

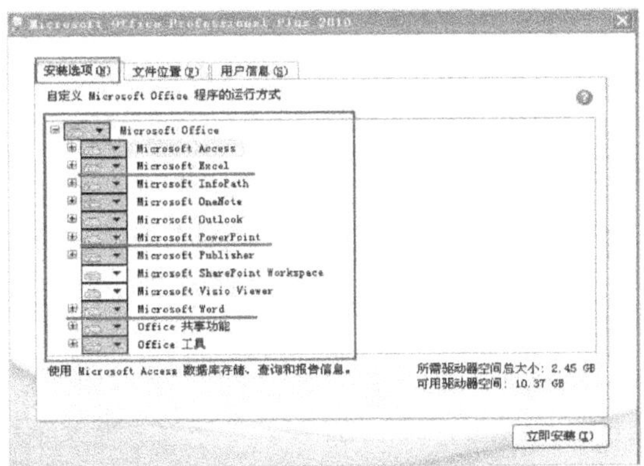

图 1–6–6

点击“文件位置”选项卡，选择安装路径，然后点击“立即安装”，如图。

图 1-6-7

软件开始安装。

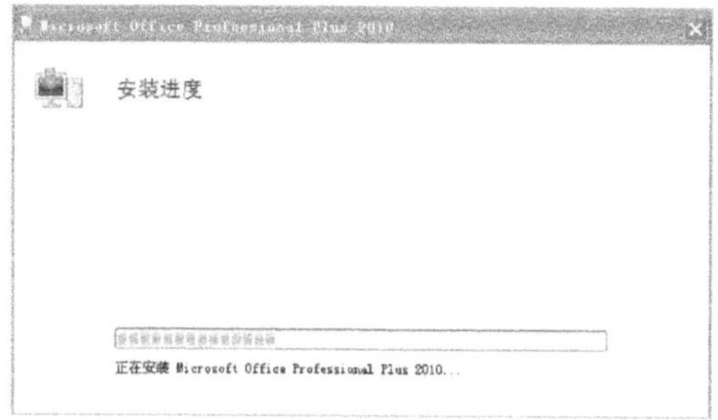

图 1-6-8

安装完成，点击“关闭”。

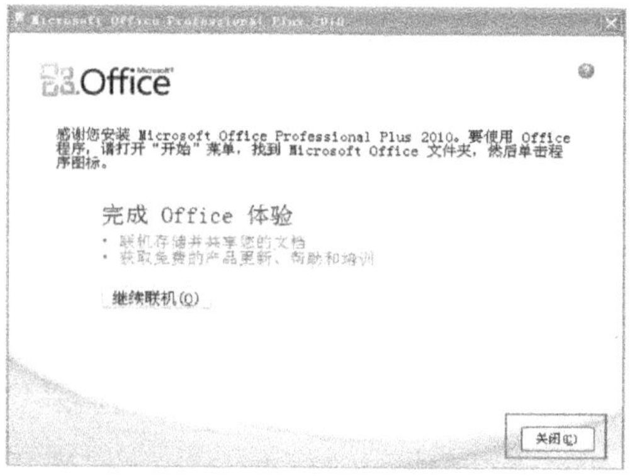

图 1-6-9

认识Word 2010界面

在桌面或者程序里找到Word 2010程序，点击运行，打开Word 2010。

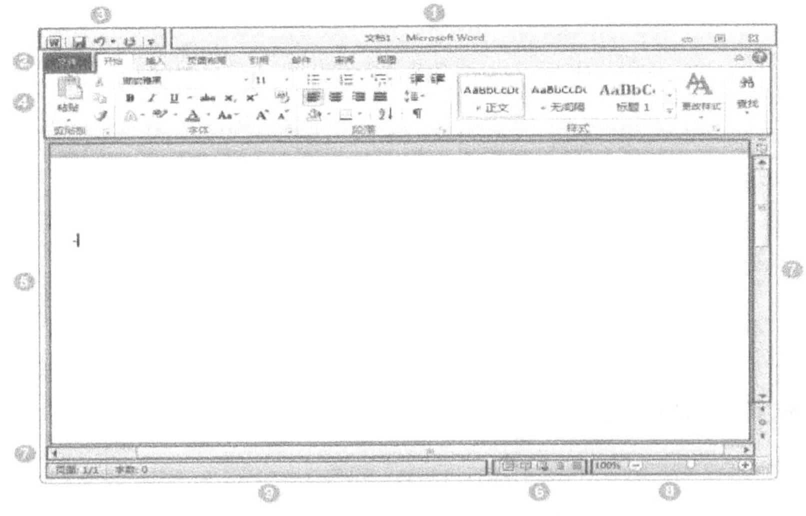

图1-6-10

1. **标题栏：**显示正在编辑的文档的文件名以及所使用的软件名。

2. **“文件”选项卡：**基本命令（如“新建”、“打开”、“关闭”、“另存为...”、“打印”）位于此处。

3. **快速访问工具栏：**常用命令位于此处，例如“保存”和“撤消”。用户也可以添加个人常用命令。

4. **功能区：**工作时需要用到的命令位于此处。它与其他软件中的“菜单”或“工具栏”相同。

5. **“编辑”窗口：**显示正在编辑的文档。

6. **“显示”按钮：**可用于更改正在编辑的文档的显示模式以符合用户的要求。

7. **滚动条：**可用于更改正在编辑的文档的显示位置。

8. **缩放滑块：**可用于更改正在编辑的文档的显示比例设置。

9. **状态栏：**显示正在编辑的文档的相关信息。

什么是“功能区”？

“功能区”界面，是Word 2010和Word 2003显著不同的地方，它是个水平区域，就像一条带子，启动Word后分布在Office软件的顶部。用户使用软件时所需的常用命令被分组在一起，且位于选项卡中，可以通过单击选项卡来切换显示的命令集。

●**“开始”功能区**

1-6-11

●**“插入”功能区**

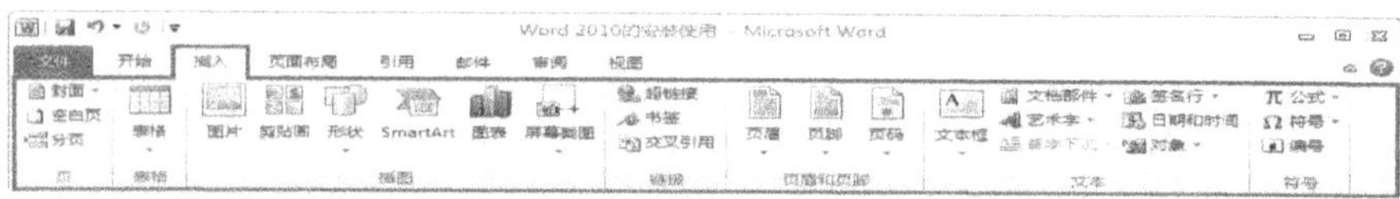

1-6-12

●**“页面布局”功能区**

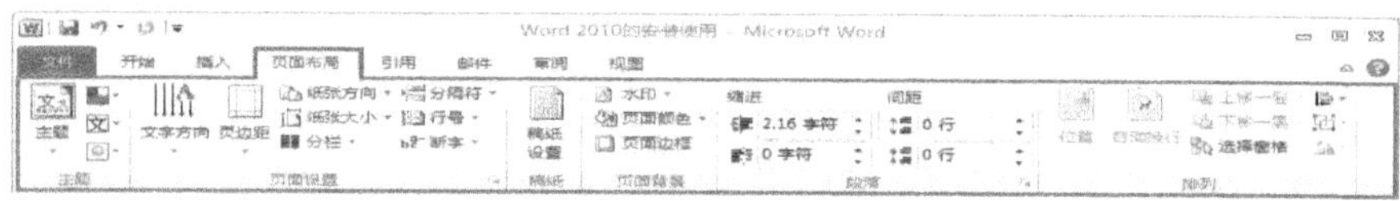

1-6-13

●**“引用”功能区**

1-6-14

●**“邮件”功能区**

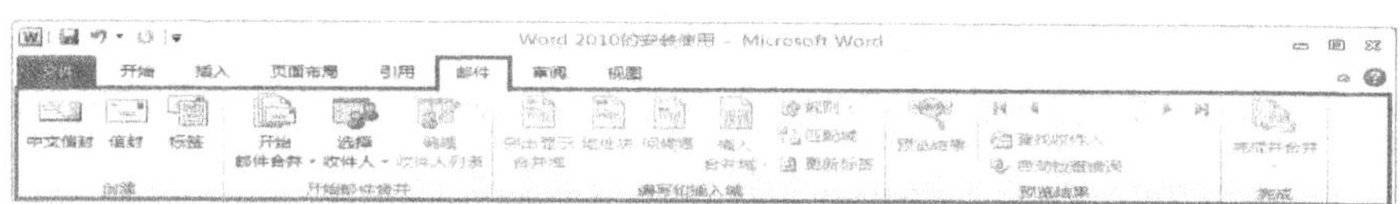

1-6-15

●**“审阅”功能区**

1-6-16

●“视图”功能区

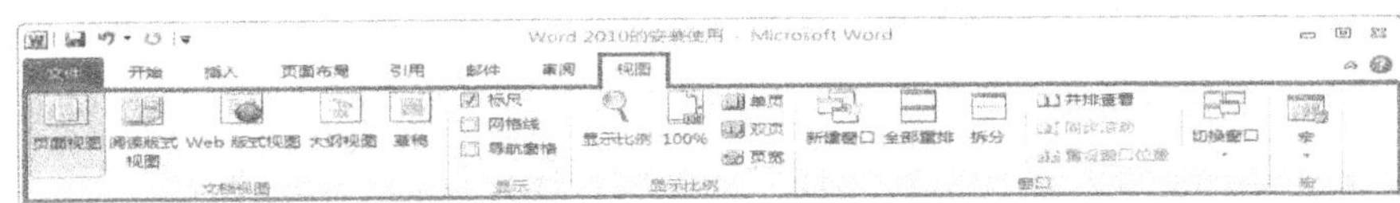

1-6-17

新建一个 Word 文档

建立文档的动作，通常可以由启动 Word 一并完成，或者在“文件”菜单下选择“新建”项，在右侧双击“空白文档”按钮，就可以成功创建一个空白文档。

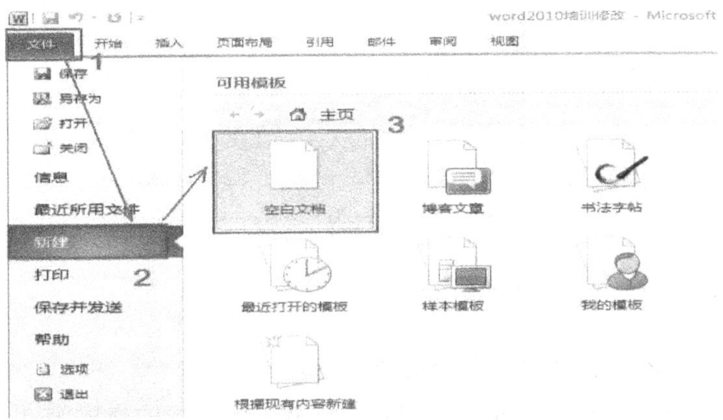

图 1-6-18

如图，新建的 Word 文档，此时便可以在编辑区编辑文字。

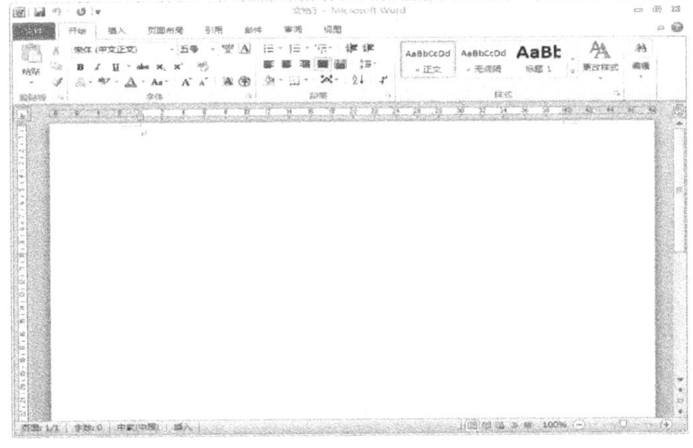

图 1-6-19

Word 2010 保存文档

文档编辑完成后，需要保存，以便用户以后继续使用。保存步骤：点击文件“文件”菜单中的“保存”，在保存对话框选择保存位置，点击“保存”。

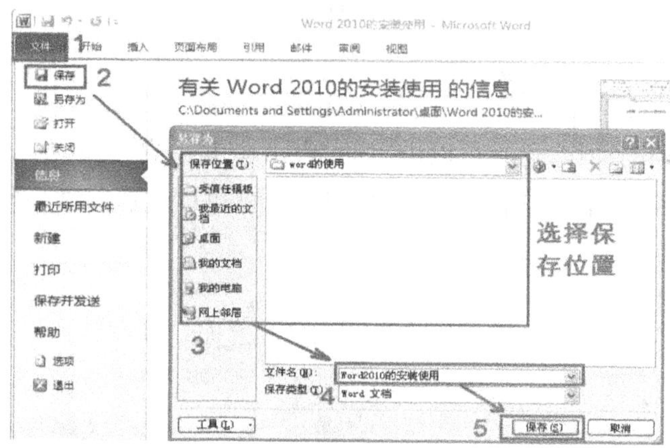

图 1-6-20

学习 Word 2010 保存的格式

①Word 2010 保存为低版本格式

Word 2010 文档默认格式为 docx，而 Word 2003 的格式为 doc，这时会出现文件格式的不兼容，为了解决这个问题，我们可以让 Word 2010 保存文件格式为 doc。

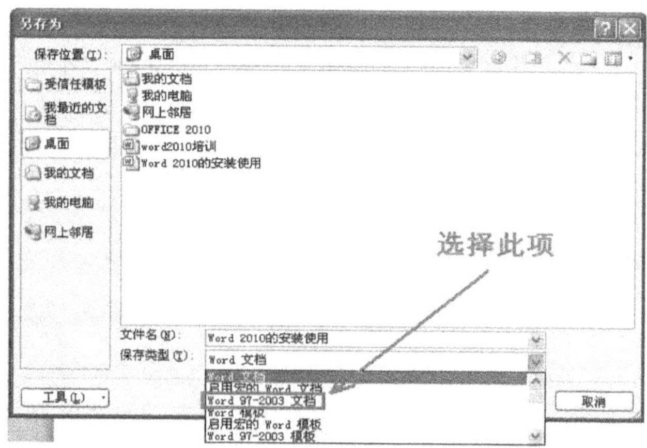

图 1-6-21

点击文件“文件”—“保存”，在保存类型下拉框里选择“Word 97-2003 文档”，最后点击“保存”。

采用同样的方法，我们可以将 Excel 2010 和 PowerPoint 2010 的文件格式保存为低版本的 xls 和 ppt。

②转换为 PDF 格式

现今人们都喜欢在移动产品上浏览阅读，但很多产品都不支持 doc 或 docx 格式，因此在 Word 2010 中可以将 doc 文件转换成 pdf 格式。

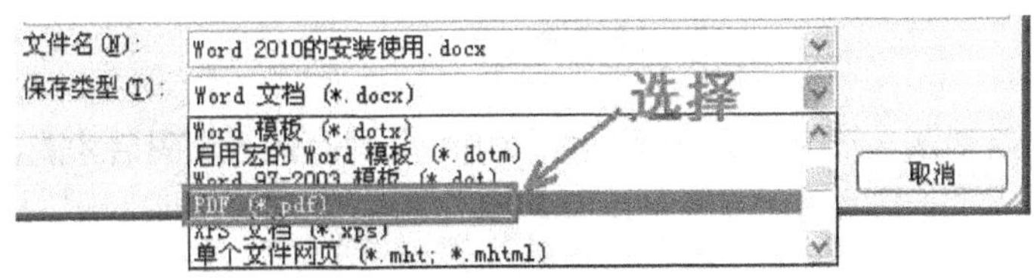

图 1-6-22

方法就是将保存类型选择为：“PDF(*.pdf)”，如上图所示。

加密 Word 2010 文档

用户平时会有一些机密的文档，不让别人打开查看里面的内容，这时就需要用到文件加密功能。

首先在“文件”菜单中选择“保护文档”中的“用密码进行加密”项，如下图所示。

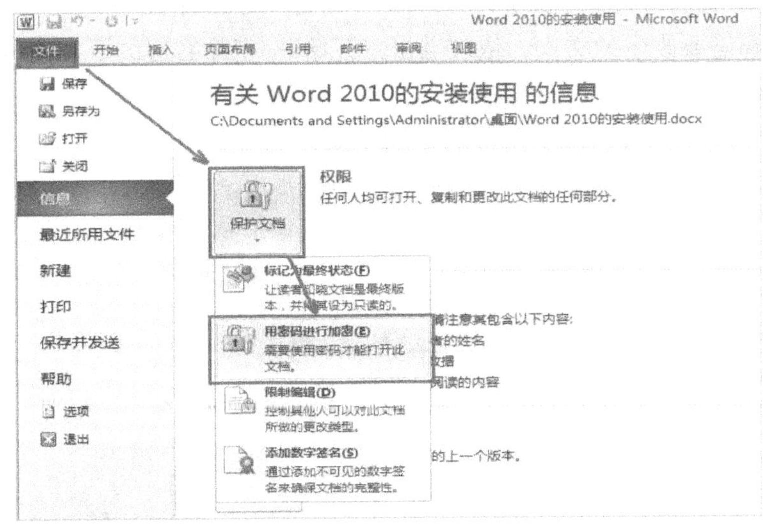

图 1-6-23

在弹出的“加密文档”窗口中输入密码，如下图所示。

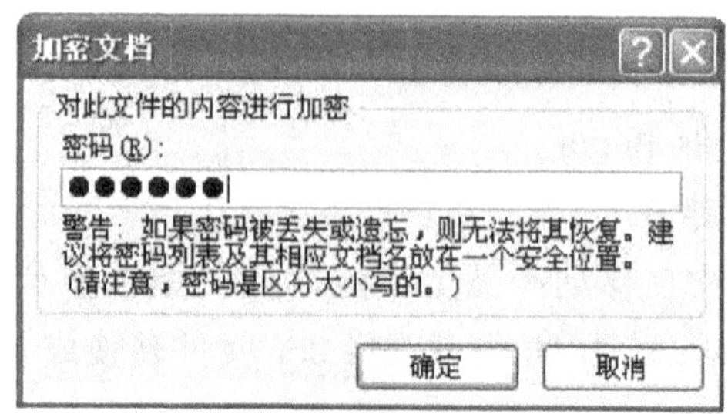

图 1-6-24

在下次启动该文档时就会出现下图中的提示，只有输入密码后才能正常打开。

图 1-6-25

1.6.2 文字编辑

为文本设置基本属性

例如：我们为文本设置字体为宋体，字号为 4 号，颜色为红色。

选择需要改变的文本，依次点击“开始”—字体右边的下拉按钮—“宋体”。如图所示。

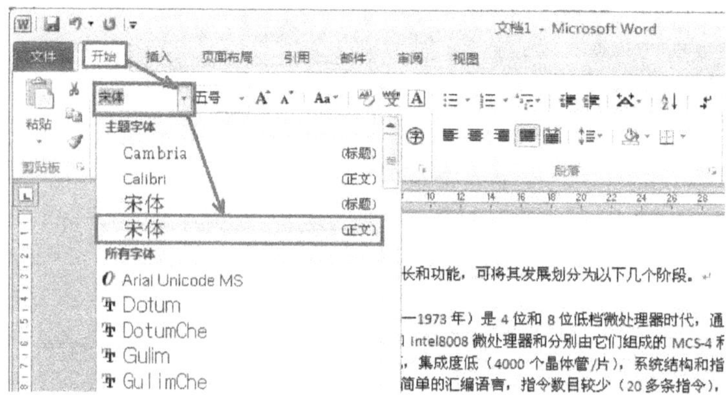

图 1-6-26

设置四号字体:点击字体右边的下拉按钮,选择四号。如图所示。

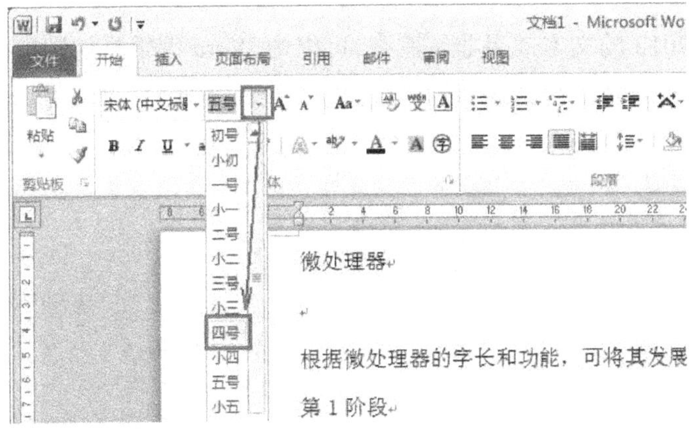

图 1-6-27

设置红色字体:点击字体颜色旁边的下拉按钮,选择红色。如图所示。

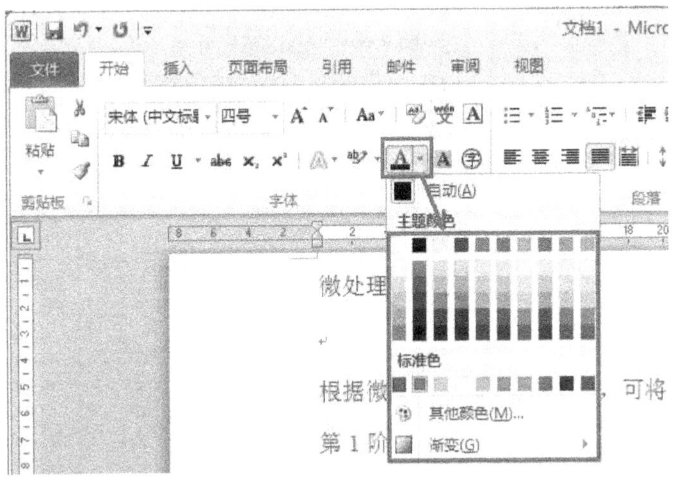

图 1-6-28

加粗和居中,分别点击相应的按钮便可。如图所示。

图 1-6-29

为字体添加文本效果

Word 2010 的文本效果非常漂亮，可以为 Word 编辑添加别样的效果。点击文本效果下拉按钮，选择相应的文本效果即可。如图所示。

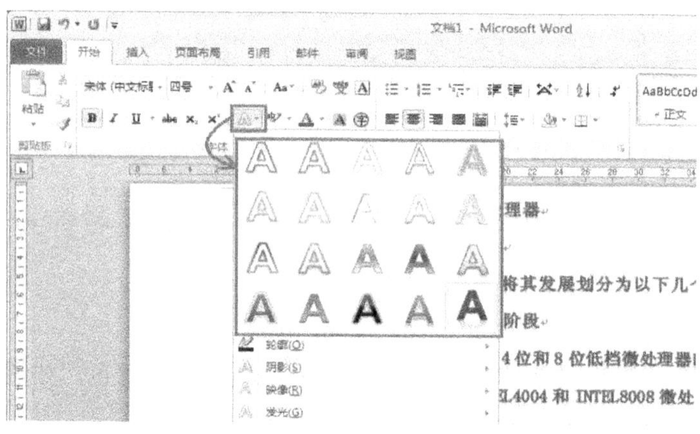

图 1-6-30

也可以自己编辑每个效果：

● **阴影效果**

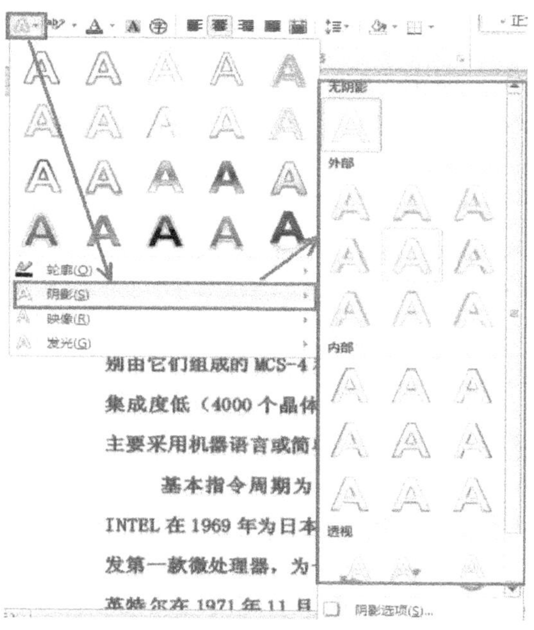

图 1-6-31

●映像效果

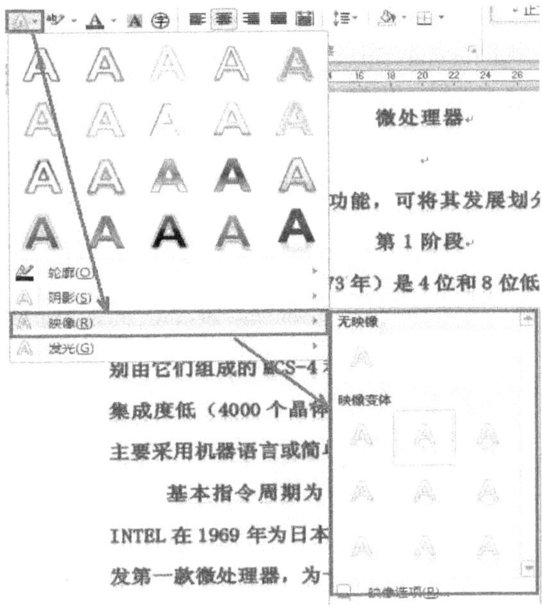

图 1-6-32

●发光效果

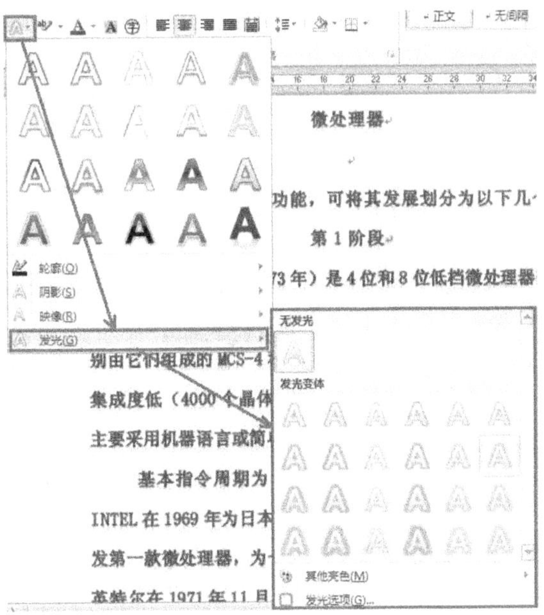

图 1-6-33

插入表格

插入表格是我们经常使用的一个功能，如何插入表格呢？Word 2010 插入表格比 Word 2003 简单很多，点击“插入”—“表格”，然后用鼠标选择需要多少行列即可。如图所示。

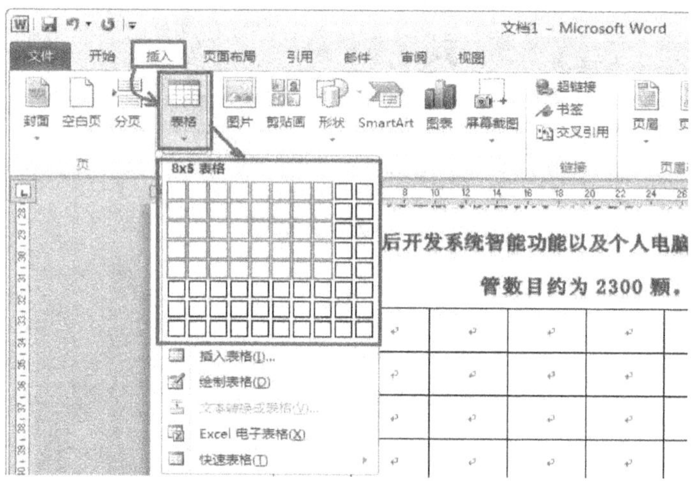

图 1-6-34

学习插入图片

点击“插入”—“图片”，选择图片，点击“插入”。如图所示。

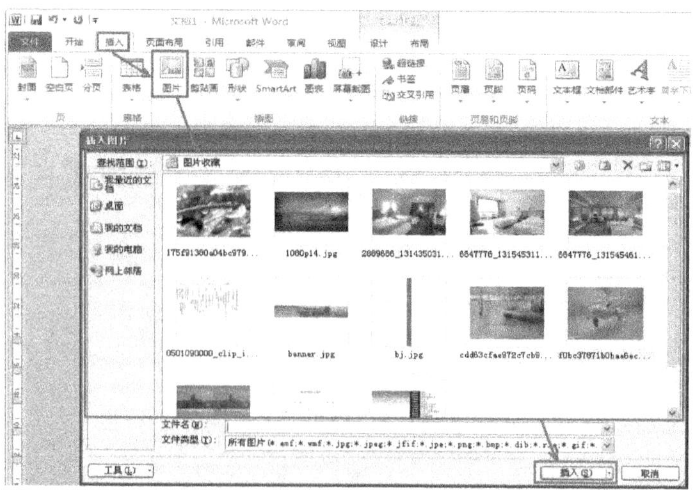

图 1-6-35

如下图，插入图片后的效果。

图 1-6-36

插入图片后，会自动转到图片工具功能区。

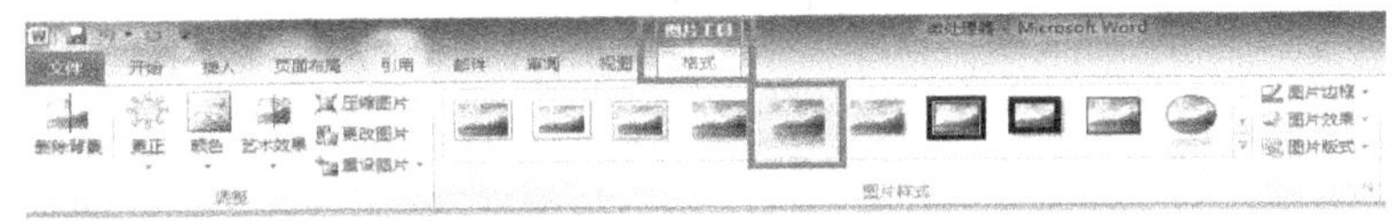

图 1-6-37

如上图所示，我们选择一个图片样式后，图片样式效果发生变化。

图 1-6-38

这个效果比原来的要绚丽多了，除此之外还有很多效果。如图所示。

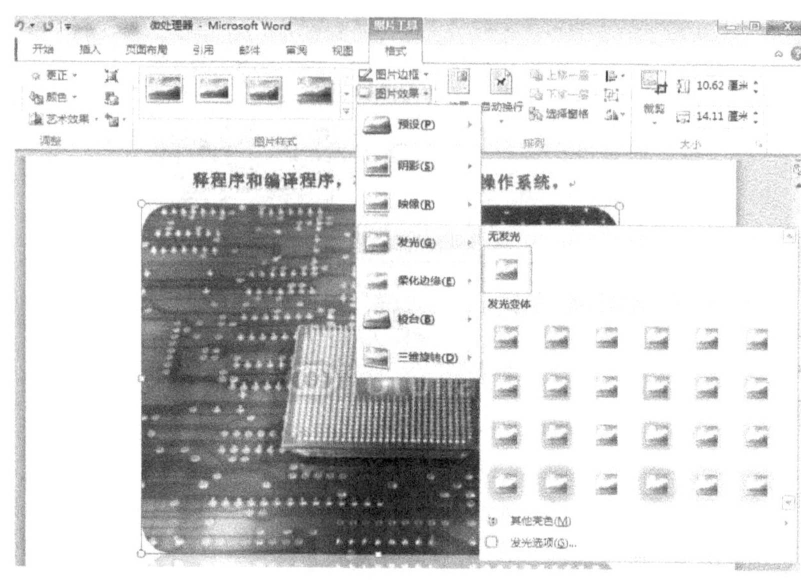

图 1-6-39

插入文本框

在插入菜单下，点击“文本框”，在弹出的文本框选项里面，单击选择需要的类型，这样文本框就插入到文本里面了。如图所示。

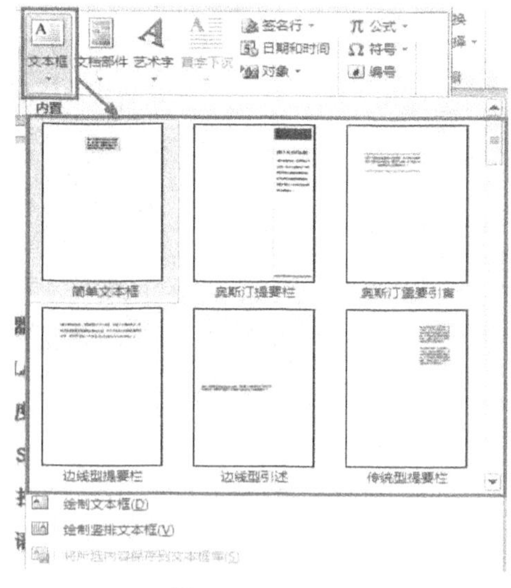

图 1-6-40

插入文本框后，系统会自动跳到文本框“格式”功能区，这里可以设置文本框的格式类型（如图所示），在形状样式里面选择喜欢的样式。

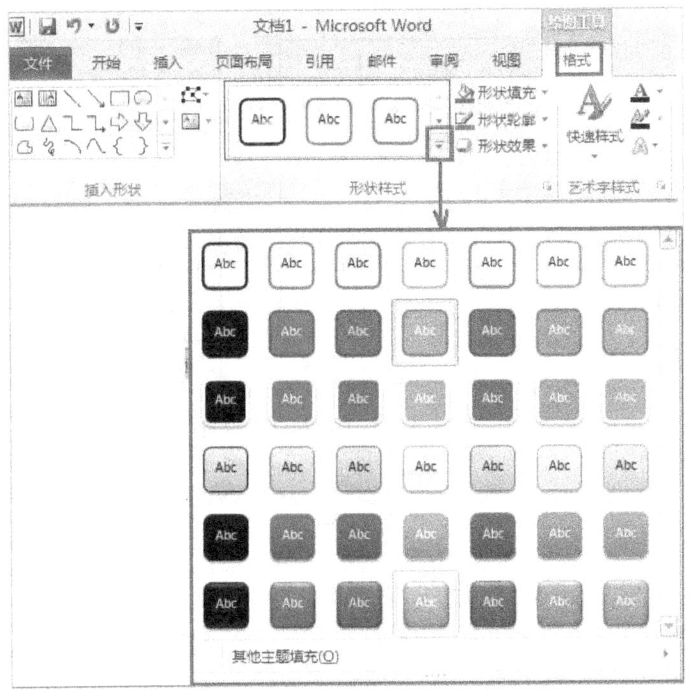

图 1-6-41

如图，选择一个文本框样式后的效果。

图 1-6-42

1.6.3 文档打印

文件编辑完成后，往往需要打印，如何打印呢？

首先进行页面设置：依次点击“文件”、“打印”、“页面设置”。在页面设置对话框中设置页边距、纸张方向、纸张大小和页眉页脚等。如图所示。

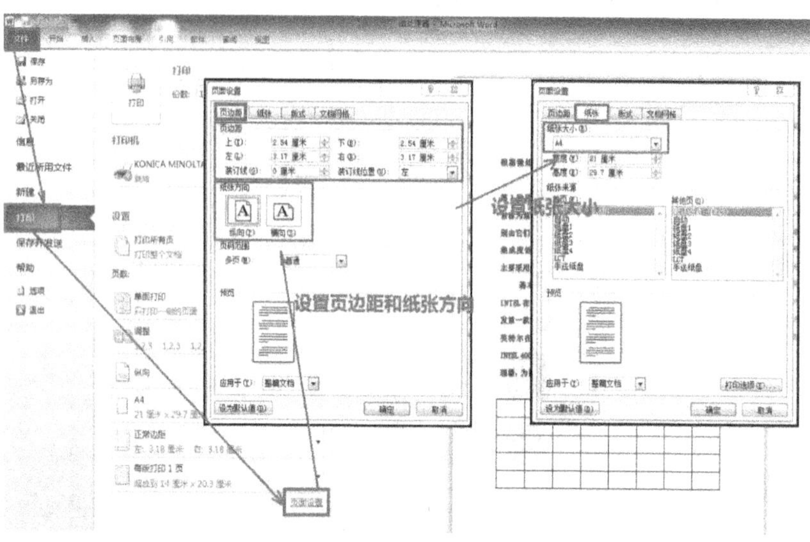

图 1-6-43

页面设置完成后，就可以打印文档了。

依次点击 “文件”、“打印”、“打印份数”、“选择打印机”、“打印范围”、“打印”。如图所示。

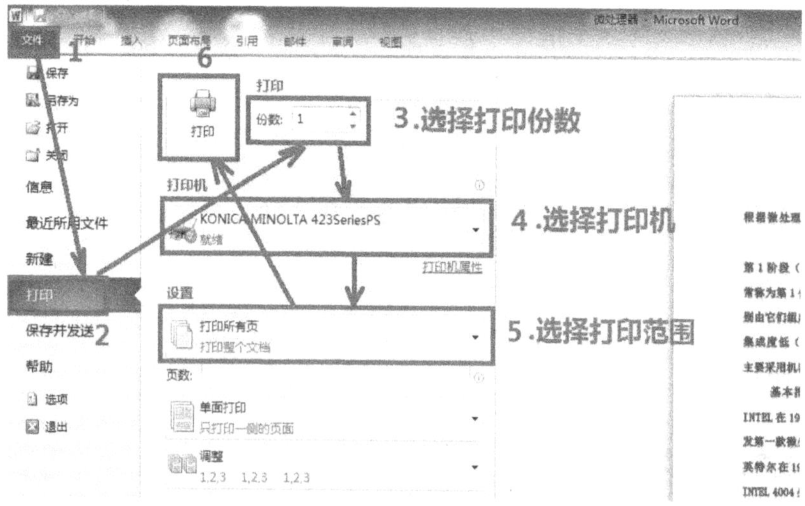

图 1-6-44

1.7 Microsoft Excel 2010

Microsoft Excel 2010 是一套功能完整、操作简易的电子计算表格软件，提供丰富的函数及强大的图表、报表制作功能，能有效地建立与管理资料。

本节主要熟悉 Excel 2010 的界面和学习数据的基本输入方法。

1.7.1 认识 Microsoft Excel 2010

首先打开 Excel 2010：双击桌面 Excel 2010 图标，或者点击“开始”、“所有程序”、“Microsoft Office”、“Microsoft Excel 2010”。如图所示。

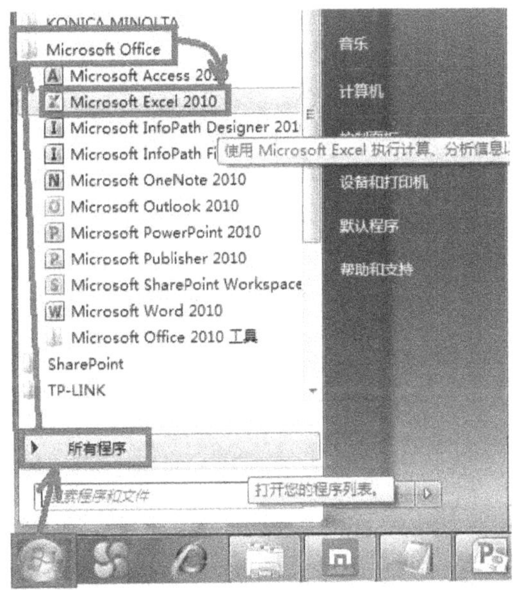

图 1-7-1

Excel 2010 中所有的功能操作分为 8 大页次，包括文件、开始、插入、页面布局、公式、数据、审阅和视图。各页次中收录相关的功能群组，方便使用者切换、选用。只要切换到该功能页次即可看到其中包含的内容。

当要进行某一项工作时，先点选功能区上方的功能页次，再从中选择所需的工具钮。例如，想在工作表中插入 1 张图片，便可按下“插入”页次，再按下“图例”区中的“图片”钮，即可选取要插入的图片。

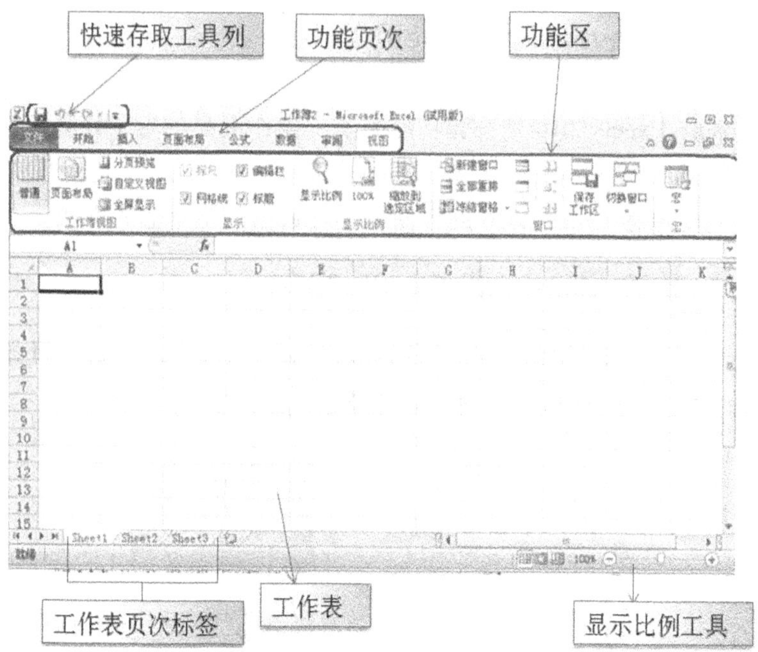

图 1-7-2

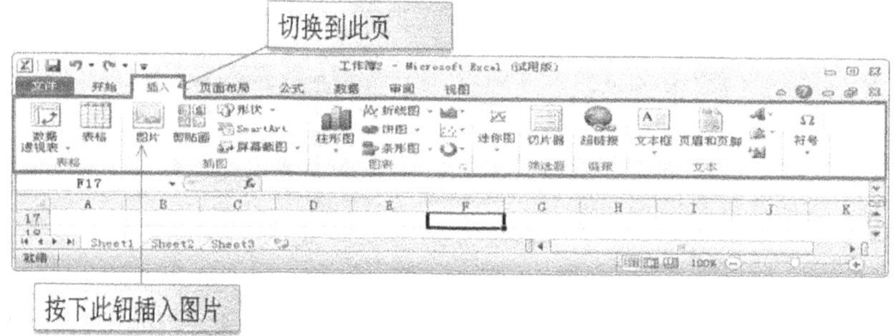

图 1-7-3

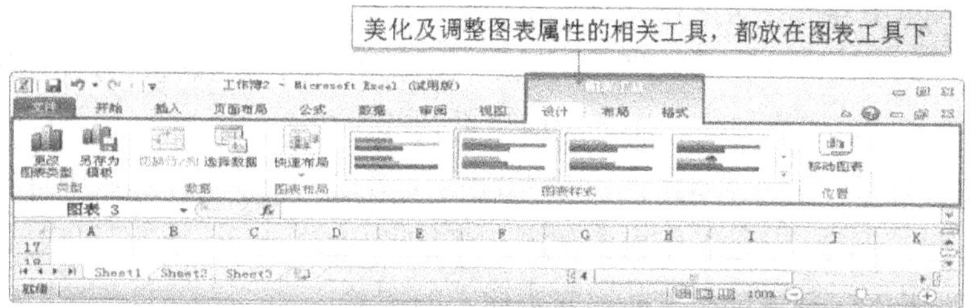

图 1-7-4

另外，为了避免整个画面太凌乱，有些页次标签会在需要使用时才显示。例如当使用者在工作表中插入了一个图表物件时，与图表有关的工具才会显示出来。如图 1-7-4 所示。

视窗右下角是“显示比例”区，显示目前工作表的检视比例，点击左边的“-”是缩小，点击左边的“+”是放大。如图所示。

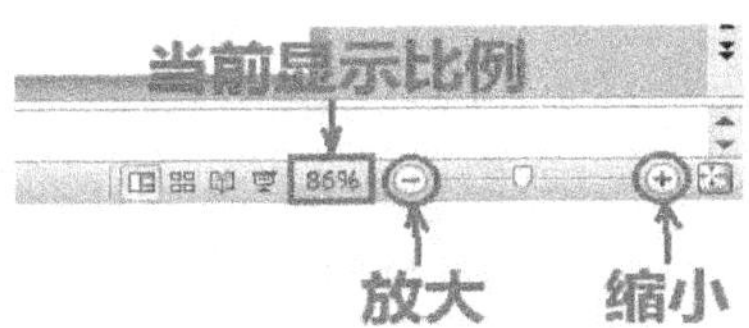

图 1-7-5

工作表内的方格称为“单元格”，我们所输入的资料便是排放在一个个的单元格中。在工作表的上面有每一栏的“列标题”A、B、C……，左边则有各列的行标题 1、2、3……，将列标题和行标题组合起来，就是单元格的“位址”。如图工作表左上角的单元格位于第 B 列第 1 行，其位址便是 B1，同理，E 栏的第 3 行单元格，其位址是 E3。

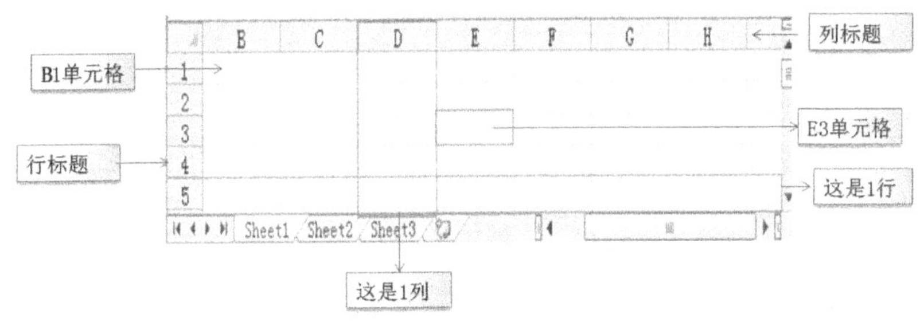

图 1-7-6

每一本新的工作簿预设有 3 张空白工作表，每一张工作表有一个页次标签（如工作表 1、工作表 2……），使用者利用页次标签来区分不同的工作表。

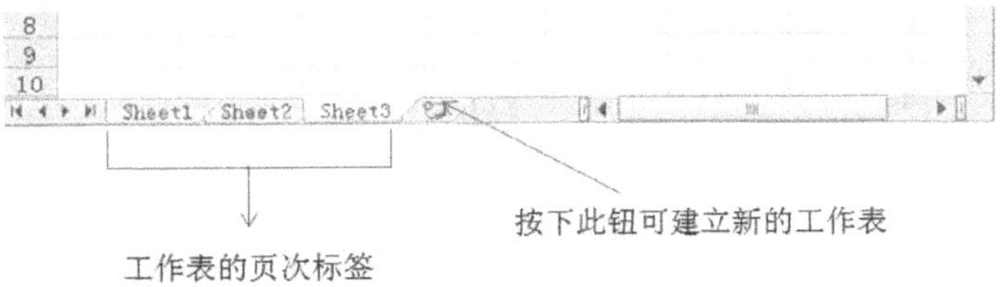

图 1-7-7

一个工作簿中可以有数张工作表，目前显示在荧幕上的这种工作表称为作用工作表，也就是现在的编辑对象。若想要编辑其他的工作表，只要按下该工作表的页次标签即可将它切换成作用工作表。

1.7.2　Excel 2010 表格资料输入

建立新工作簿

建立工作簿的动作，通常可以由启动 Excel 一并完成，因为启动 Excel 时，就会顺带开启一份空白的工作簿，或者通过“文件”—“新建”—“空白工作簿”—“创建”来完成。如图所示。

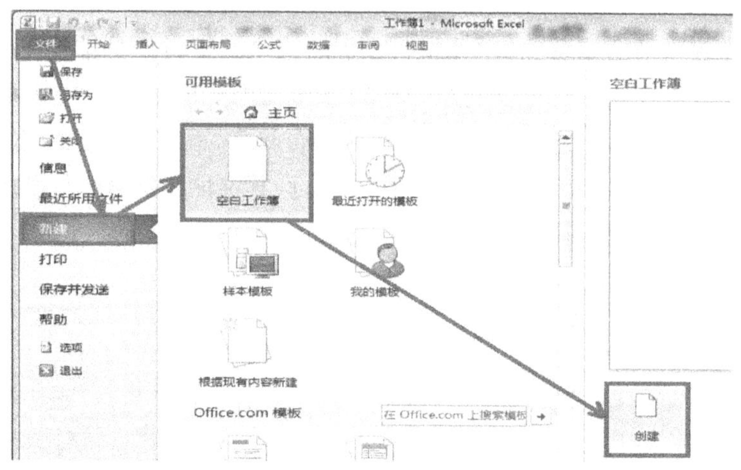

图 1-7-8

如下图所示，是新建的工作簿。

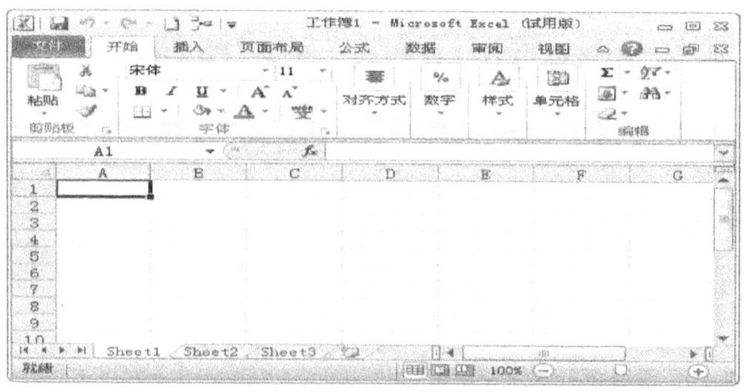

图 1-7-9

输入数据

在单元格输入数据，不管是文字还是数字，其输入程序都是一样的，以下以文字资料来做示范。

首先选取要放入资料的单元格，例如在 A1 单元格输入“序号”。

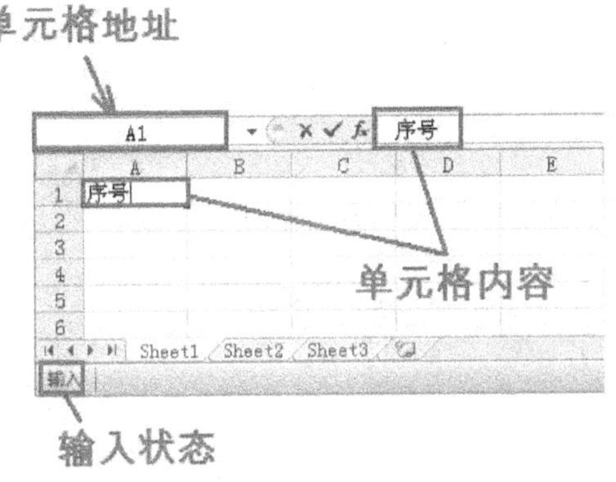

图 1-7-10

名称框会显示当前编辑的单元格地址；输入的资料会同时显示在资料编辑栏以及单元格中，状态由就绪变成输入。

若想在一个单元格内输入多行资料，可在换行时按下 Alt+Enter 键，将插入点移到下一行，便能在同一单元格中继续输入下一行资料。

图 1-7-11

如果要清除单元格的内容，先选取欲清除的单元格，然后按下 Delete 键或者按下鼠标右键，在弹出的对话框中选择“清除内容”。

调整单元格宽度

Excel 会自动判断使用者输入的资料型态，来决定资料的预设显示方式，例如数字资料将会靠右对齐；文字资料则会靠左对齐。若输入的资料超过单元格宽度时，Excel 将会改变资料的显示方式。

当单元格宽度不足显示内容时，数字资料会显示成“###”，而文字资料则会由右边相邻的储存格决定如何显示。这时候只要调整单元格的宽度或在标题栏的右框线上双击鼠标左键就可以调整宽度。

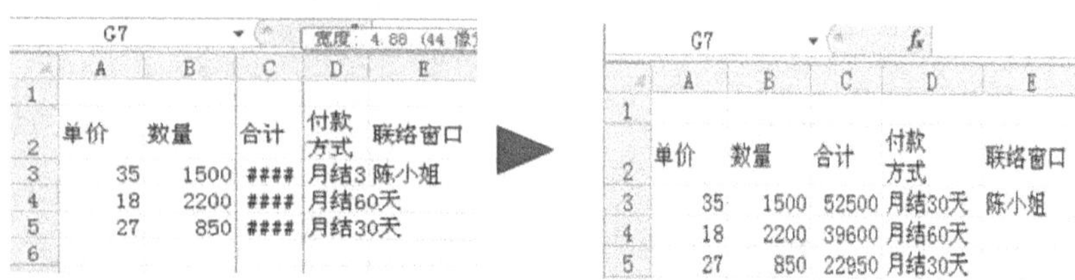

图 1-7-12

调整高度的方法和调整宽度的方法相同。

选取多个范围

要选取多个不连续的单元格范围，首先选取第一个范围，然后按住 Ctrl 键，再选取第 2 个范围，选好后再放开 Ctrl 键，就可以同时选取多个单元格范围了。

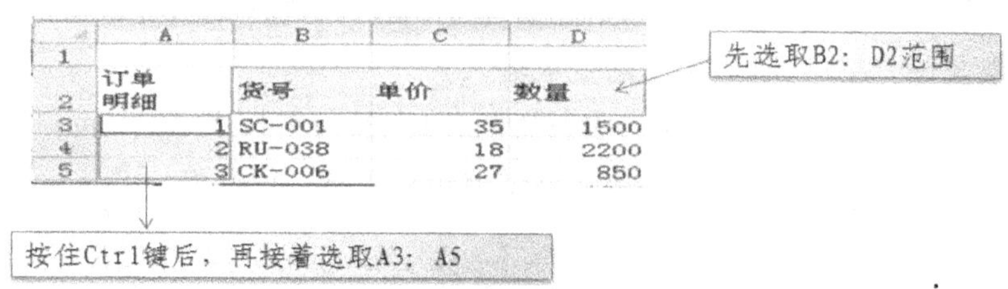

图 1-7-13

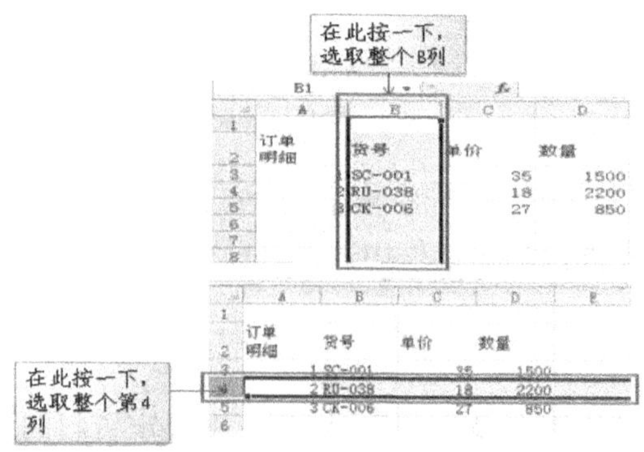

图 1-7-14

要选取整行或整列，在行编号或列编号上按一下即可，如图 1-7-14 所示。

快速填充资料

填充相同的资料：将指标移至粗框线的右下角，此时指标会呈 +，按住左钮不放向下拉至单元格。如图所示。

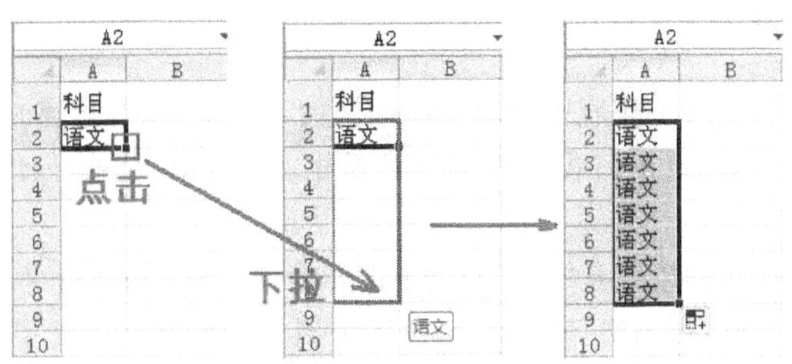

图 1-7-15

填充序列：方法和上面的相同，但是多一个步骤：鼠标下拉至单元格后出现一个自动填充选项按钮，点击它后选择填充序列。

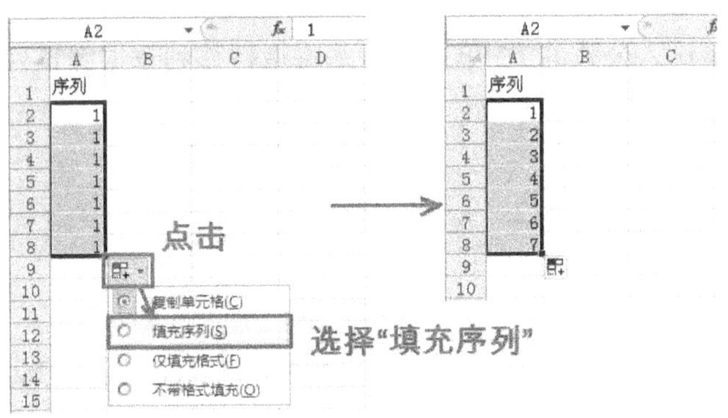

图 1-7-16

为工作表重新命名

Excel 会以工作表 1、工作表 2、工作表 3……为工作表命名，但这类名称没有意义，当工作表数量多时，应更改为有意义的名称，以利辨识。

首先双击工作页次卷标，使其呈选取状态，然后输入名称，再按下回车键键，工作表就重新命名了。

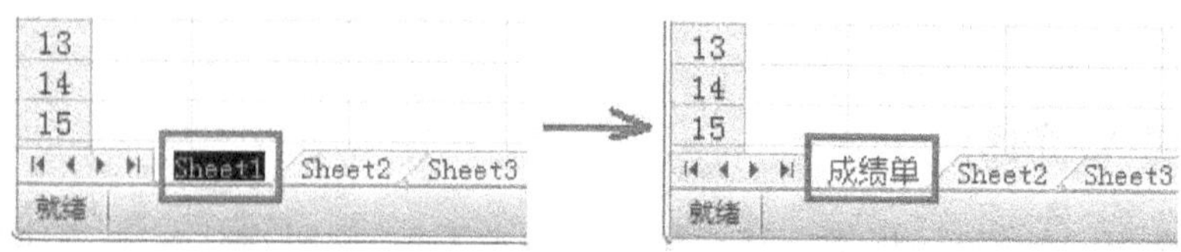

图 1-7-17

公式计算

当我们需要将工作表中的数字数据做加、减、乘、除等运算时，可以把计算的动作交给 Excel 的公式去做，而且当数据有变动时，公式计算的结果还会立即更新。

输入公式必须以等号“=”起首，例如 = Al+A2，这样 Excel 才知道输入的是公式，而不是一般的文字数据。以下图为例。

	A	B	C	D	E
1		英文	生物	理化	总分
2	王书恒	85	70	65	
3	吴依萍	75	92	81	

图 1-7-18

请选定要输入公式的 E2 单元格，并将指针移到数据编辑列中输入“=”。如图所示。

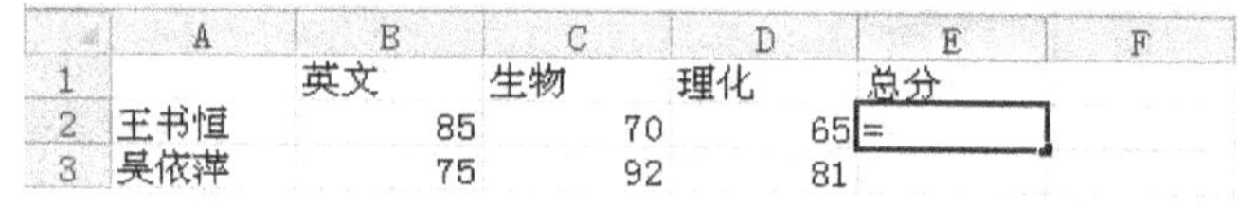

	A	B	C	D	E	F
1		英文	生物	理化	总分	
2	王书恒	85	70	65	=	
3	吴依萍	75	92	81		

图 1-7-19

输入“=”之后的公式，在单元格 B2 上单击，Excel 便会将 B2 输入到数据编辑列中。

SUM =B2

	A	B	C	D	E	F
1		英文	生物	理化	总分	
2	王书恒	85	70	65	=B2	
3	吴依萍	75	92	81		

图 1-7-20

再输入“+”，然后单击 C2 单元格，继续输入“+”，单击 D2 单元格，如此公式的内容便输入完成了。

SUM　=B2+C2+D2

	A	B	C	D	E	F
1		英文	生物	理化	总分	
2	王书恒	85	70	65	=B2+C2+D2	
3	吴依萍	75	92	81		

图 1-7-21

最后按下回车键，公式计算的结果马上显示在 E2 单元格中。

E2　=B2+C2+D2

	A	B	C	D	E	F
1		英文	生物	理化	总分	
2	王书恒	85	70	65	220	
3	吴依萍	75	92	81		

图 1-7-22

这是公式输入的基本方法，另外，在 Excel 2010“公式”功能区里提供了更多更简便的方法，使用者可自行摸索。

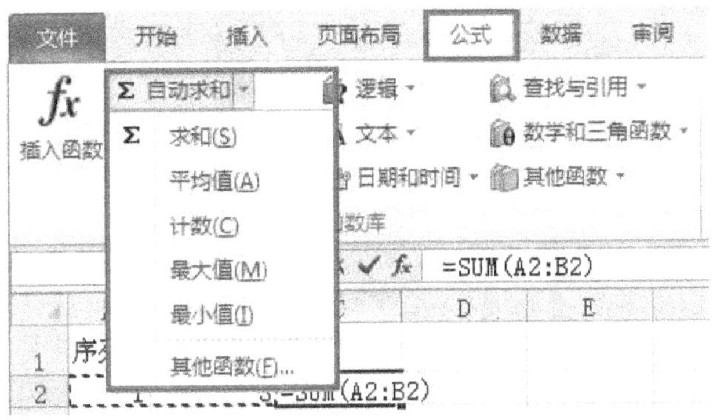

图 1-7-23

1.7.3　打印表格

首先要进行页面设置，和 Word 2010 操作类似。下面讲述打印区域设置。

选择需要打印的单元格，然后点击“页面布局”—“打印区域”—“设置打印区域”。如图 1-7-24 所示。

然后就可以进入打印页面进行打印，和 Word 2010 类似，单击“文件”—“打印”，选择打印份数、打印机、打印页数等，最后点击“打印”即可。如图 1-7-25 所示。

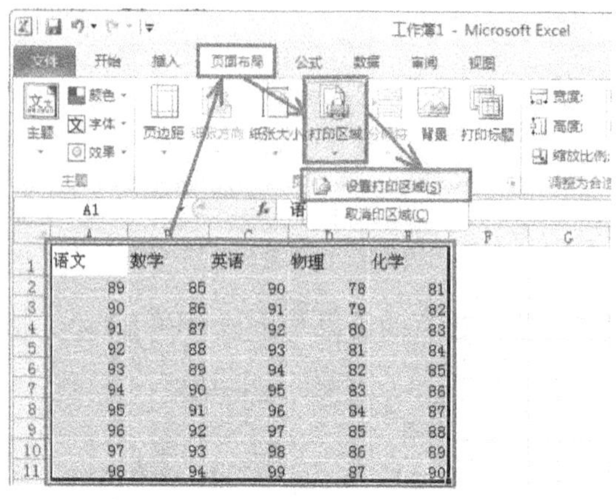

图 1-7-24

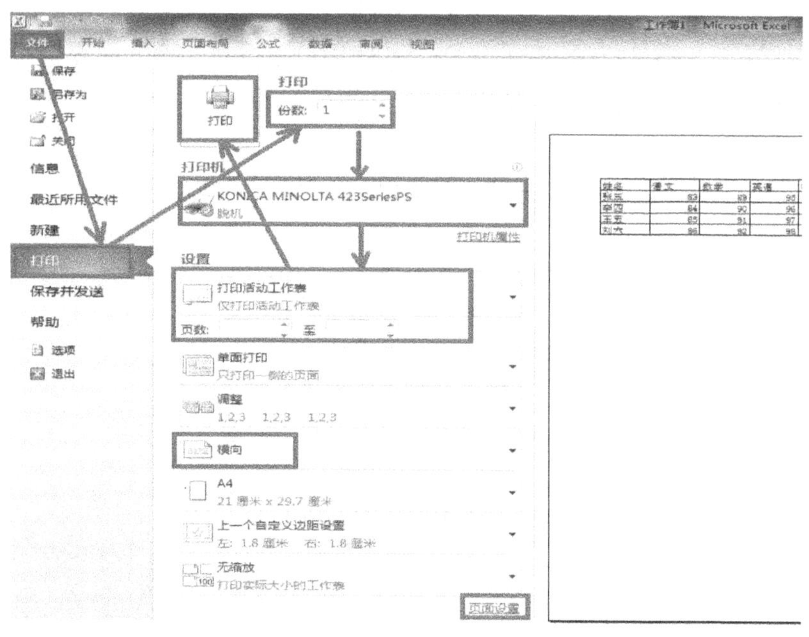

图 1-7-25

1.8 计算机软件、硬件常见故障及解决办法

1. 主板电容损坏导致显卡工作不正常

[案例]

我的电脑怀疑主板坏了，拆开机箱，发现 AGP 旁边的电解电容已鼓出，

请问如何解决?

[案例分析处理]

电容具有通直流断交流的特性,在电路中电解电容起滤波作用。造成电容鼓是由于高温、高压以及电容自身的质量;根据主板上电容的标称值更换相应电容后,故障排除。

2. 电源开关失效导致按启动按钮无反应

[案例]

我的电脑按下电源按钮无反应,请问如何解决?

[案例分析处理]

电源按钮与主板是直接连接的,出现故障后,拆开机箱,发现并无异样,查看跳线,一切正常,用万用表测试,原来连接到主板电源启动线(POWER ON)的这根线已经断掉;更换这根连线后,故障得以排除。

3. 错误的跳线导致机器无法开启

[案例]

我的电脑更改跳线后无法开机器,请问如何解决?

[案例分析处理]

在主板上,PW+ 和-是电源开关的连接点,若这两根接线的安装错误,会直接导致电源开关无法开启,从而无法开机;按照说明书将对应的"PW+"和"-"连接线插入到相关的接口中,接上电源,故障得以排除。

4. 主板电容损坏导致无法开机

[案例]

我的电脑无法开机,拆开机箱,发现电源与 CPU 风扇都运转正常,请问如何解决?

[案例分析处理]

因为主板集成了电源管理芯片,可以控制电源的供电输出,电源与 CPU 风扇能够正常转动,说明主板电源部分基本正常,拆开机箱,用万用表检测,发现主板 CPU 插座旁边电容无法达到标称值,更换同类电容后再次加电开机,故障得以排除。

5. 主板与显卡冲突的典型解决方式

[案例]

我的电脑是 ATI9600 的显卡,主板是 KT600,主板和显卡总出现冲突,请问如何解决?

[案例分析处理]

目前市面上很多 ATI9600 和 KT600 的主板存在冲突,在安装系统后表现为死机或者启动中途突然黑屏等不稳定故障,通过多次实验,发现解决冲突的方法为:由于 ATI9600 带有一个普通显示器接口和另一个液晶显示器接口,实践证明,ATI9600 液晶显示器接口与 KT600 存在冲突（部分主板）。在安装 ATI9600 驱动时,会出现 2 个驱动签名让你确认,此时的第一个数字签名即为你的普通显示器接口驱动,按下“是”安装此驱动,出现第二个驱动签名为液晶显示器接口驱动,按下“否”不安装此驱动即可解决所描述的故障。另外,也可以启动到安全模式下将液晶显示接口驱动禁用(一般为第二项显卡)。

6. 主板的病毒防护功能导致系统无法正常安装

[案例]

我的电脑在安装 Windows XP 时,总有一行警告提示,请问如何解决?

[案例分析处理]

现在的主板为了防止 CIH 等病毒的攻击,集成了病毒警告功能,在安装 Windows XP 时,安装程序会将部分启动信息写入硬盘的引导分区,此时主板认为安装程序的操作可能会对系统安全产生威胁,所以提示用户以防止数据的丢失;重新启动计算机进入 BIOS,将 Virus Warning 设置为 Disabled,故障排除。

7. 笔记本为什么接到投影仪信号输入后没有画面出现在投影仪上?

答:在笔记本上,配备了一个专门用于切换投影机的 F 功能按键,当需要切换笔记本信号到投影机上时，可以同时按住 Fn 以及 F 功能按键就可以切换信号。F 功能键会因为品牌的不同而有差别。下面介绍几个主流品牌笔记本电脑的快捷按键,方便大家需要的时候查询。

Dell(戴尔):Fn+F8	HP(惠普):Fn+F4	ThinkPad(IBM):Fn+F7
Toshiba(东芝):Fn+F5	Acer(宏基):Fn+F5	Fujitsu(富士通):Fn+F10
Samsung(三星):Fn+F4	Sony(索尼):Fn+F7	Asus(华硕):Fn+F8

8. 用笔记本键盘输入字母时老是出现数字是怎么回事?

答:因为设置了笔记本键盘上的数字锁定功能,需要解除数字锁定的功能。操作方法如下:同时按键盘上的 FN 和 NumLock 键。

第2章 演示文稿 PowerPoint 2010

★内容提要

PowerPoint（简称 PPT)2010 是 Microsoft Office 2010 办公套装软件中的一个重要组成部分，专门用于设计、制作信息展示等领域(如演讲、做报告、各种会议、产品演示、商业演示等）的各种电子演示文稿。PowerPoint 2010 与以前的版本相比在功能上有了非常明显的改进和更新，新增和改进的图像编辑和艺术过滤器使得图像变得更加鲜艳，引人注目；可以同时与不同地域的人共同合作演示同一个文稿；增加了全新的动态切换，通过改进的功能区，可以快速访问常用命令，创建自定义选项卡，个性化的工作风格体验。此外还改进了图表、绘图、图片、文本等方面的功能，从而使演示文稿的制作和演示更加美观。

★知识点

◎演示文稿的含义及功能

◎幻灯片版式、应用设计模板、配色方案

◎自定义动画、幻灯片切换、动画方案

◎超链接、动作设置、自选图形、插入声音和影片

◎排练计时、录制旁白

◎母版

★技能点

◎根据任务的要求合理设计演示文稿的内容和组织结构

◎根据演示文稿的内容快速创建一篇演示文稿

◎根据演示文稿的内容合理应用设计模板、幻灯片版式

◎幻灯片中配色方案的使用及编辑

◎幻灯片中各种对象的插入与格式的设置及对象的编辑

◎幻灯片中动画方案及自定义动画的实现

◎幻灯片放映、排练计时、录制旁白的操作

◎母版的编辑与修改

2.1 你真的会做 PPT 吗?

卡耐基的培训课程中有一则经典练习:讲师会扮演一个刚刚降临地球的外星人,他除了能听懂你的语言,对周遭的环境一无所知,而你,只能通过语言,帮助他把一件西服穿到身上。其实,这个练习听上去简单,做起来却极其之难,只有具备绝佳沟通能力的人才能勉强完成。

为了能够良好的沟通,往往我们需要运用一些技巧,去增强沟通的效果,这就是制作 PPT 真正的难点所在。PPT 中的绝大部分内容,都是用文字和图片表达出来的。经验告诉我们,即使很多人都知道做 PPT 要“图文并茂”,但却不懂得图片的使用技巧,错过了许多简单提升沟通效果的机会。

1. 知识讲解

最简单的 PPT——题目、大纲、结尾。

无论是简单的还是令人炫目的 PPT, 无一不包含题目、大纲和结尾这三个部分。因此,制作 PPT 前首先要确定题目是什么,然后根据这个题目想好要讲的内容,再用 PowerPoint 软件把它做成能够完美体现演讲主题和目标的演示文稿文件。

2. 案例分析

为了能够加深对演示文稿的认识,下面用一个具体的实例来说明如何设计一份 PPT。假如现在公司要为“绿色环保”工作做一份策划,领导要求你负责完成有关绿色环保知识的宣传文稿,使公司可以进行多场宣讲演示,你该怎么做呢? 为了使宣讲更加清晰生动,就需要借助 PPT 的力量了。

首先,根据要求,这份 PPT 的题目范围是基本确定的,注意,这里说的是题目范围而不是真正的题目。一个好的 PPT 首先要有引人入胜的题目,要让观者有迫不及待看内容的心情。比如,现在逢年过节时,在年轻人中间经常会听到“祝你百事可乐,乐事无限”,相互拜年的同时也让我们很容易记住了“百事可乐"这个品牌,是不是很妙? 这就是好的题目带来的效益。

然后,根据题目范围收集有关的资料,并进行甄别筛选。上网收集的资料很多,其中有不少是重复的,还有些甚至是过期或以讹传讹的。必须小心检查过滤,只留下那些最正确、最重要、最精华的资料。

其次,开始构建 PPT 的框架,也就是完成大纲的初步撰写。关于绿色环保的宣传,可以介绍这样一些内容:绿色环保的 logo 及其含义,环境污染的来源渠道,被污染的环境图片,保护环境的方法等。

进行到此,我们是不是就可以开始动手制作了呢? 当然不是! 我们还要根据制作需要为 PPT 添加让人能够留下印象的结尾。把这些地方都想好后,就可以开始用 PowerPoint 进行实际的操作了。但为了减少不必要的操作,还是要遵循一定的流程。一般演示文稿的具体制作阶段可以参照以下流程:

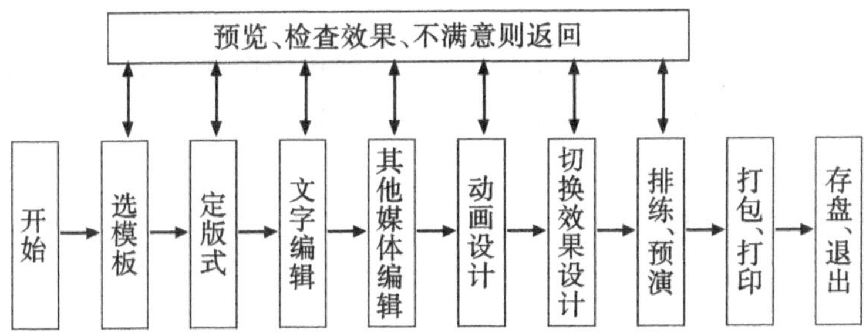

这个流程中的某些步骤顺序是可以调整的。

看到现在,想想你真的会做 PPT 吗? 下面我们将用一个完整的实例来进一步加深你对 PPT 的认识。

2.2 打好坚实的基础——幻灯片静态制作

2.2.1 PowerPoint 2010 的基本操作

1. 知识讲解

PowerPoint 2010 的基本操作包括 PPT 的建立、打开、保存;各种图形、图片的插入;各种视图的切换以及各视图模式下调整幻灯片的顺序、删除和复制幻灯片等操作。PowerPoint 2010 和前面介绍的 Word 2010 和 Excel 2010 的启动和退出操作基本相同。

PPT 的操作对象是演示文稿，演示文稿是有限数量的幻灯片的有序集合。每张幻灯片由若干个文本、表格对象、图片对象、组织结构对象及多媒体对象等多种对象组合而成。创建一个美观、生动、简洁而准确表达演讲者意图的演示文稿是我们的目的。

在 PowerPoint 2010 中,新建文稿比其他版本更方便快捷。在新建中选择可用的模板和主题,同时还可以“在 Office.com 上搜索模板”,根据提示可以选取空白演示文稿、样本模板、主题等,还可以根据需求选择证书奖状、日历、图标等。对于一个 PowerPoint 新手来说,PowerPoint 2010 提供了轻松快捷的创建方式。在主题获取上更加丰富,除了内置的几十款主题之外,还可以直接下载网络主题。不仅能够极大地扩充幻灯片的美化范畴,同时,还能在操作上也变得更加便捷。

2. 案例分析

【案例 2.1】 利用【样本模板】创建名为“绿色环保.pptx”的演示文稿。

(1)启动 PowerPoint 2010,在【文件】中选择【新建】,这时将会呈现图 2-2-1【可用的模板和主题】窗格。

(2)在【主页】栏中,找到【样本模板】并用鼠标左键单击,如图 2-2-2,从中选取你需要并喜欢的模板,如“现代型相册”。

图 2-2-1 新建演示文稿

(3)选好现代型相册模板后,在右侧会出现如图 2-2-2 所示的界面,点击【创建】,则生成以现代型相册为模板的演示文稿。

（4）用【文件】菜单【另存为】命令将该演示文稿保存在磁盘“D:\ppt 案例”文件夹中，文件命名为“绿色环保.pptx”。

图 2-2-2　利用【样本模板】创建演示文稿

在案例 2.1 中我们选择了“现代型相册”，在该模板下每一页都有一些文字内容提示，如果不知道如何操作，还可以点击提示，操作位置会根据提示显示为黄色高亮。通过这个案例不难发现，PowerPoint 2010 使用起来非常简便快捷，样本模板资源丰富。下面我们再来看一个案例。

【案例 2.2】 利用【设计】创建演示文稿。

（1）启动 PowerPoint 2010，在空白演示文稿界面中单击【设计】，工具栏中显示出不同主题，鼠标移动到每个主题并停留 2 秒钟，显示该主题界面，根据需求单击选中任意主题，如“暗香扑面”。如图 2-2-3 所示。

图 2-2-3　从【设计】中选取主题

(2)在新创建的幻灯片中有两个虚线框,这些框在 PowerPoint 中被称为【占位符】。在【单击此处添加标题】占位符中输入题目,如“为了我们赖以生存的家”,在“单击此处添加副标题”占位符中,根据需要输入副标题“绿色环保主题宣讲”或主讲人姓名“主讲人:张三”。如图 2-2-4 所示。

图 2-2-4 添加主标题和副标题

(3)单击【开始】菜单中【新建幻灯片】命令旁边的下拉小三角,选择需要的幻灯片形式,如选择【图片与标题】,新建一张幻灯片。效果如图 2-2-5 所示。

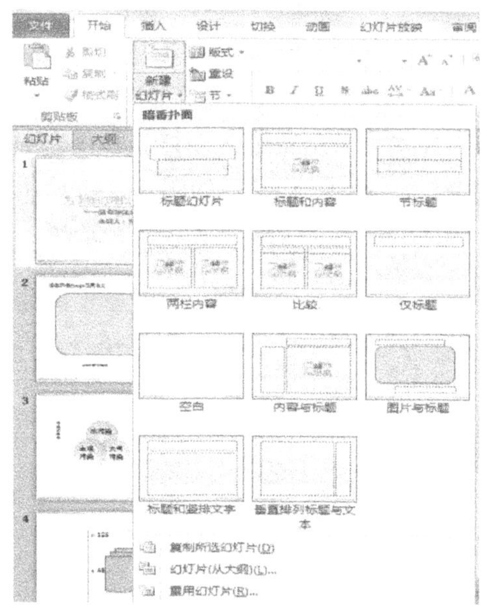

图 2-2-5 【图片与标题】版式

(4)新创建的“标题和内容”幻灯片上有3个占位符:在标题占位符中输入“绿色环保的logo及其含义”;在文本占位符中输入对绿色环保logo的解释(可以从书籍和网络中查找);在图片占位符中单击图标添加需要的图片,选择合适的图片后点击“插入”即可。最后在幻灯片中调整图片大小及位置。效果如图2-2-6所示。

图2-2-6 添加内容后的效果

(5)用【文件】菜单【另存为】命令将该演示文稿保存在“D:\ppt 案例”文件夹中,文件命名为“绿色环保.pptx”。这样就建立了有两张幻灯片的演示文稿。

2.2.2 PowerPoint 2010 的窗口操作

1. 知识讲解

(1)PowerPoint 2010 的窗口组成

PowerPoint的主界面窗口中包含下列组成部分:标题栏、菜单栏、工具栏、状态栏以及演示文稿的窗口。演示文稿窗口位于PowerPoint主界面之内,刚打开时处于最大百分比状态,几乎占满整个PowerPoint窗口。PowerPoint 2010主界面窗口如图2-2-7所示。

图 2-2-7 PowerPoint 2010 的主界面窗口

(2)幻灯片的各种视图介绍

为了便于演示文稿的编排,PowerPoint 2010 根据不同需要提供不同的视图模式,如普通视图、幻灯片浏览视图、备注页视图和阅读视图等。可以从这些主要视图中选择一种视图作为 PowerPoint 的默认视图。普通视图、幻灯片浏览视图这两种视图用于对幻灯片的前景对象进行编排;对幻灯片的背景颜色、图案、默认的文本字符格式以及幻灯片显示或打印时的页眉、页脚信息,则可用母版视图实现;阅读视图用于对幻灯片进行放映观看。

在幻灯片浏览视图中,可以在屏幕上同时看到演示文稿中的所有幻灯片,这些幻灯片是以缩略图形式显示的,它们整齐地排列在幻灯片浏览窗口中。在幻灯片浏览视图中,可以进行以下的操作:

- 选定幻灯片:鼠标单击某一张幻灯片,即可选一张幻灯片;按下 Ctrl 键再单击要选择的幻灯片,即可选择多张幻灯片;按 Ctrl+“A”键即可选中所有幻灯片。

- 插入幻灯片:将指针插入某张幻灯片后,单击【开始】菜单【新建幻灯片】命令,即在鼠标位置插入新建的一张空幻灯片,该幻灯片的版式可选,编号顺延。

- 删除幻灯片:选定一张幻灯片,按“Delete”键。

- 移动幻灯片:拖动鼠标到需要移动的位置,或用【开始】菜单中的【剪切】和【粘贴】功能。

- 复制幻灯片副本:先选中一张幻灯片,按 Ctrl+“D”键或用【开始】菜单中【复制】和【粘贴】功能，这张幻灯片就被复制了一份。

打开演示文稿，单击【视图】菜单【阅读视图】命令，就切换到了幻灯片放映视图。也可以用菜单中【幻灯片放映】，选择放映的位置，设置幻灯片放映效果，同时自定义幻灯片放映。

2. 案例分析

【案例 2.3】 在普通视图下对演示文稿“绿色环保.pptx”进行常用操作并放映。

- 调整窗格尺寸：鼠标指向窗格分界线，当鼠标指针变双向箭头时，拖动窗格分界线可调整窗格大小。
- 折叠和展开幻灯片：在大纲窗格中，鼠标指针指向幻灯片页标志前面的页号，双击鼠标左键，可折叠幻灯片，再次双击，可展开幻灯片。
- 增加幻灯片：如需要在第二张幻灯片后增加一张幻灯片，首先在大纲窗格中双击第二张幻灯片，使其折叠，将光标插入“北大方正软件技术院系部组成”后，按回车键，即在第二张幻灯片后增加了一张空幻灯片，新增的幻灯片编号为 3。
- 删除幻灯片：在大纲窗格中，选中第三张新增加的幻灯片，按键盘中“Delete”键即可删除该幻灯片。
- 移动幻灯片：在大纲窗格中，选中第二幻灯片，按下鼠标左键，移动到第一张幻灯片前，松开鼠标，成为第一张幻灯片。同样，按下鼠标左键，将其移至第二张后，松开鼠标，又成为第二张幻灯片。
- 单击【视图】菜单下的【阅读视图】命令或在【幻灯片放映】菜单下选择从头开始放映或按键盘上的 F5 键，即可放映幻灯片。
- 放映结束后或在播放过程中需要停止时，按下“Esc”键或单击用鼠标右键选择“结束放映”，退出播放。如图 2-2-8 所示。

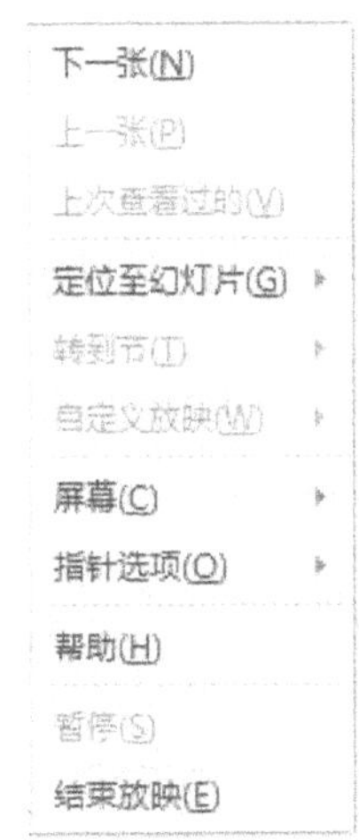

图 2-2-8 结束放映

3. 实战训练

【实训 2.1】 简单演示文稿的制作(一)。

实训目标：

通过本实训训练，使读者熟练利用上面阐述的方法，快速建立一个采用 PowerPoint 2010 设计的演示文稿。

实训要求：

完成下面的练习。

(1)建立以“拯救濒危物种.pptx”为名称的演示文稿,并保存到“D:\ppt 案例”文件夹里。

(2)配合主题,选择一个相应风格的模板。同时根据主题起一个题目,如“拿什么拯救你——我们的朋友”。

(3)设置第二张幻灯片为“标题和内容”版式,在此可以做一些文字内容的描述,比如濒危物种的定义以及分类,内容靠近主题并引出下文即可。

(4)设置第三张幻灯片的版式为【图片与标题】,在此可以放入贴近主题的图片,以更好地深入主题,如放入朱鹮的图片,并进行描述。

(5)插入两张空白幻灯片,版式可任选。

(6)交换第四张和第五张幻灯片的位置。

(7)将新插入的最后两张新幻灯片删除。

(8)保存所做的操作,如图 2-2-9 所示,以便后续使用。

(9)放映该演示文稿。

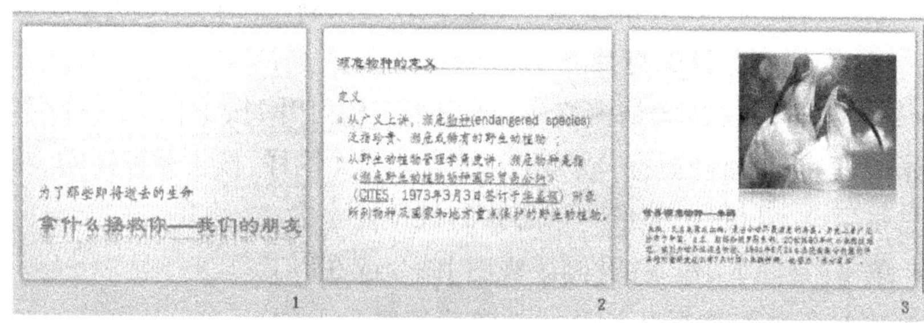

图 2-2-9　实训 2.1

4. 技巧与提示

在审阅幻灯片时,如果想从某一页开始阅读,可以在【幻灯片放映】状态下选择【从当前幻灯片开始】,或者选择想要阅读的幻灯片,直接按 Shift+F5 即可。

2.2.3　文本的处理和段落格式的设置

1. 知识讲解

演示文稿是由一系列组织在一起的幻灯片组成,每张幻灯片可以有独立的标题、说明文字、图片、声音、图像、表格、艺术字和组织结构图等元素。用

“设计模板和主题”创建的演示文稿中只有一些提示性文字，在输入文本或插入图形和图表后才能创建出完整的演示文稿。

处理文本的基本方法主要包括添加文本、文本编辑、设置文本格式。

(1)文本的添加

● 在占位符中添加文本

使用自动版式创建的新幻灯片中，有一些虚线方框，它们是各种对象(如幻灯片标题、文本、图表、表格、组织结构图和剪贴画)的占位符，其中幻灯片标题和文本的占位符内，可添加文字内容。在占位符中添加文本，我们在创建前面的演示文稿文件时已经应用过，不再赘述。

● 使用文本框添加文本

如果希望自己设置幻灯片的布局，在创建新幻灯片时选择了空白幻灯片，或者要在幻灯片的占位符之外添加文本，可以利用【开始】工具栏中的【绘图】按钮，选择【文本框】和【垂直文本框】进行添加。

● 自选图形中添加文本

在 PowerPoint 2010 中，使用【绘图】按钮，绘制和插入图形非常简单。可以根据需要选择绘制线条、矩形、基本形状、箭头、公式形状、流程图、星与旗帜以及标注等不同类型的图形工具。

(2)文本的编辑

在建立演示文稿过程中，需要对文本进行编辑。文字处理的最基本编辑技术是删除、复制和移动等操作，在进行这些操作之前，必须选择所要编辑的文本。有关文本的复制、删除、移动、查找、替换、撤销、重做等内容，在介绍文字处理软件、表格处理软件中均有介绍，在此不再重复。在建立幻灯片的过程中，要熟练掌握，灵活使用。

(3)文本格式的设置

在 PowerPoint 2010 中，可以给文本设置各种属性，如字体、字号、字形、颜色和阴影等，或者设置项目符号，使文本看起来更有条理、更整齐。给段落设置对齐方式、段落行距和间距使文本看起来更错落有致。还可以给文本框设置不同效果，在【开始】工具栏中找到【绘图】，选中需要设置的文本框，根据形状填充、形状轮廓和形状效果对选中的文本框进行修改。

在演示文稿中，除了可以设置字符的格式外，还可以设置段落的格式，设置段落的对齐方式、设置段落缩进和进行行距调整等。在 PowerPoint 2010 中，段落的概念是用于说明带有一个回车符的文字，每个段落可以拥有自己的格式。

2. 案例分析

【案例 2.4】 打开“绿色环保.pptx”文件，进行如下的设置。

（1）选择第三张幻灯片为当前幻灯片，插入一张新幻灯片，版式为【空白幻灯片】。

（2）在空白幻灯片的适当位置利用【开始】工具栏【绘图】中的插入文本框，根据需要添加横排或竖排文本框，插入文字“环境污染”。

（3）选定这个文本框，在【绘图】中找到形状轮廓，将所选中的文本框其边框改为 2.25 磅、圆点虚线、紫色；选中形状效果，将边缘选择“发光变体”：蓝-灰，11pt 发光，强调文字颜色 5；同时改变该文字字号：28，字体：黑体。

（4）添加一个类型为【右箭头】的自选图形。

单击【开始】工具栏，找到【绘图】按钮“右箭头”并选中，如图 2-2-10 所示。在空白幻灯片的适当位置插入该图形，调整其大小，用形状填充将其颜色改为黄色、无轮廓。效果如图 2-2-11 所示。

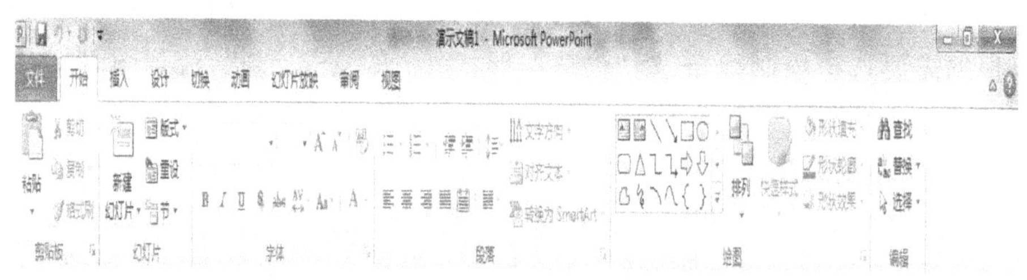

图 2-2-10 选择流程图：右箭头

（5）在【右箭头】中插入文本。

选定自选图形【右箭头】，单击鼠标右键，在弹出的快捷菜单中，鼠标左键单击【编辑文字】选项，自选图形内出现插入点光标，键入文字内容，如“分类”，自选图形变成图形文本框。效果如图 2-2-12 所示。

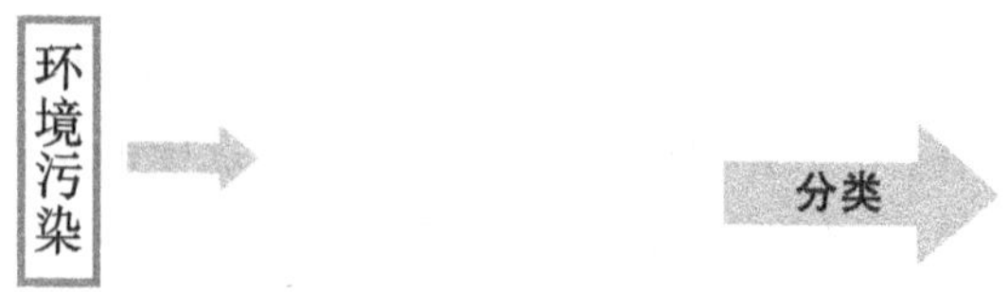

图 2-2-11 添加右箭头后的幻灯片效果图　　图 2-2-12 右箭头中添加文字内容

下面介绍如何对文字和段落进行设置。

【案例 2.5】 设置“绿色环保.pptx”中文字和段落的格式。

(1)设置演示文稿中第一张幻灯片的文字格式为:主标题“为了我们赖以生存的家”字体:微软雅黑;字号:48;文字加粗;带阴影;颜色为绿色。

上述这些要求可以通过【开始】工具栏中的【字体】完成全部设置。按上述方式将副标题设置为:字体:黑体;字号:32;带阴影;颜色黑色,淡色 50%。

(2)设置演示文稿中第二张幻灯片中的文字部分设置为:文本区的段落左对齐;行距 1.5 行;段前间距 1 磅。

在打开的演示文稿中,选中第二张幻灯片文本框中的内容,通过【开始】工具栏中的【段落】,更改对齐方式为:左对齐;单击【段落】右下角小三角,打开如图 2-2-13 所示的对话框,就可以对行距进行设置,此外还可以设置段前间距和段后间距。在行距中选择 1.5,段前间距 1 磅,单击【确定】按钮。

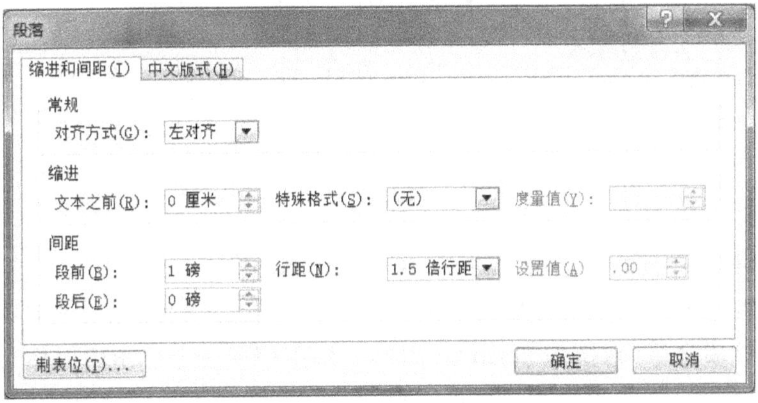

图 2-2-13 段落对话框

(3)设置演示文稿中第三张幻灯片的项目符号。

选中第三张幻灯片添加文本框,内容为“大气污染、水污染、固体废物污染、噪声污染”,添加后字体、字号、行距修改为:字号:28;字体:宋体;行距:双倍行距。用鼠标单击右键,在弹出的快捷菜单中选中【项目符号和编号】命令,或利用【开始】工具栏【段落】中找到该项命令,在给出的 8 个样式中选择需要的符号,如图 2-2-14 所示;如果没有我们需要的符号,可以单击【自定义按钮】,在弹出的窗口中任意选择需要的图形,单击【确定】。如图 2-2-15 所示。

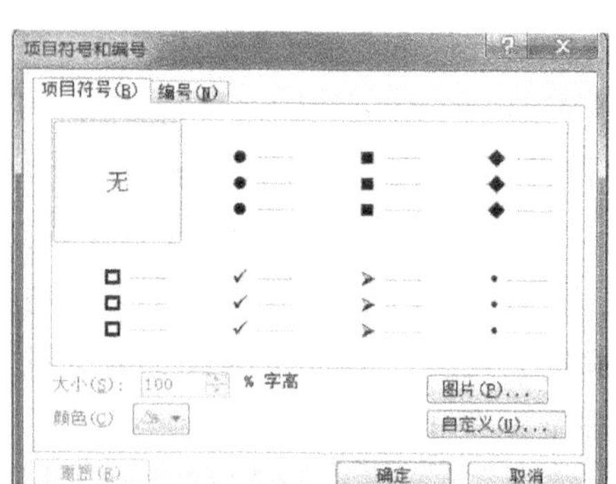

图 2-2-14 【项目符号和编号】对话框图

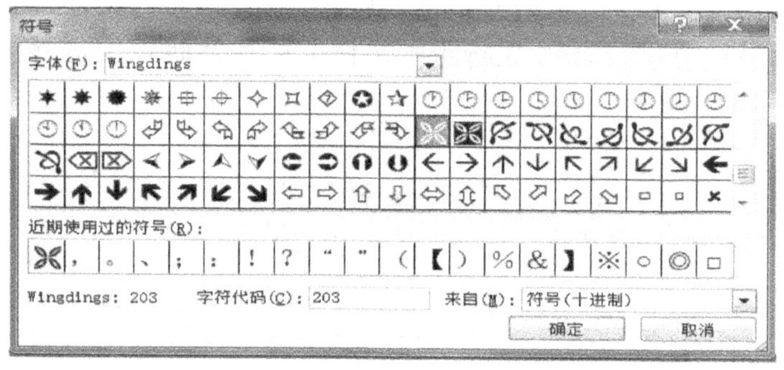

2-2-15 自定义【符号】对话框

(4)将文本框中的内容“转换为 SmartArt 图形”。

仍然选中第三张幻灯片文本框,利用【开始】工具栏【段落】菜单,在右下方找到该项命令“转换为 SmartArt 图形”,单击该项命令后出现操作对话框,如图 2-2-16 所示;根据需要选择图形,如选中“垂直图片重点列表”,根据提示修改其颜色和效果为:彩色-强调文字颜色、细微效果。这时会看见每一项中有一个图标,点击图标可以添加合适的图片。效果如图 2-2-17 所示。

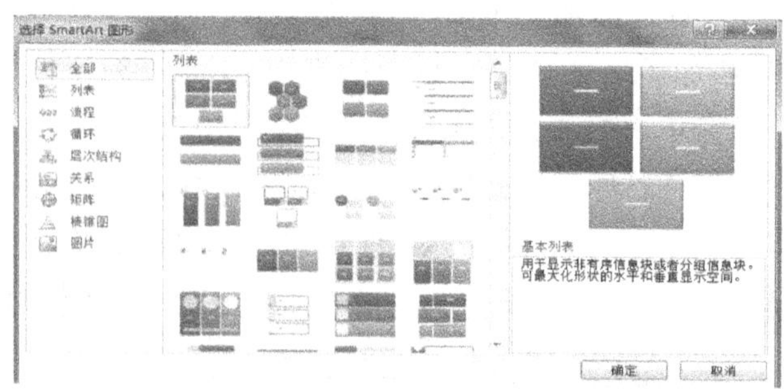

图 2-2-16 “转换为 SmartArt 图形”对话框

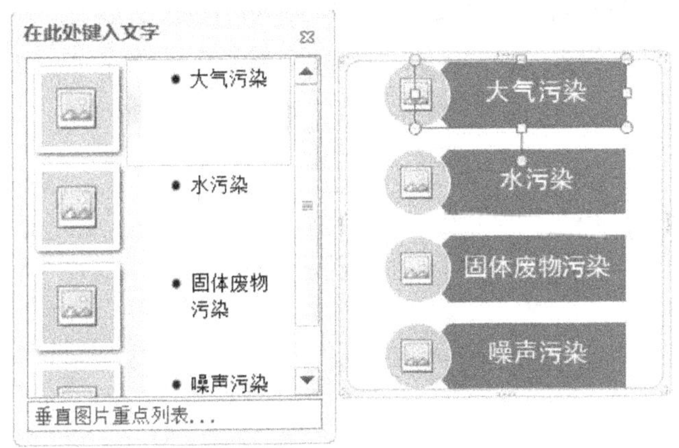

图 2-2-17 垂直图片重点列表添加图片效果

(5)保存所做的操作,关闭该演示文稿。

3. 实战训练

【实训 2.2】 简单演示文稿的制作(二)。

实训目标:

通过本实训训练,使读者能够运用 PowerPoint 2010 进行文字和段落的编排。

实训要求:

打开实训 2.1 中制作的"拯救濒危物种"演示文稿,进行如下操作:

(1)设置第一张幻灯片的大标题文字格式为:隶书、54 号字、红色;副标题为隶书、40 号字。

(2)设置第二张幻灯片的内容区域的段落格式为:左对齐;段前、段后分别为 1 磅和 2 磅;项目符号为 ➢。效果如图 2-2-18 所示。

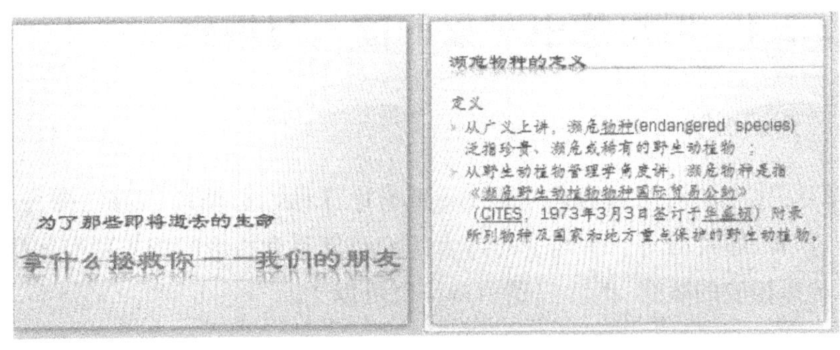

图 2-2-18 实训 2.2(1)

(3)对第二张幻灯片再次运用“转换为 SmartArt 图形”命令,将其效果设为:垂直图片重点列表、彩色填充-强调文字效果 1、白色轮廓。效果如图 2-2-19 所示。

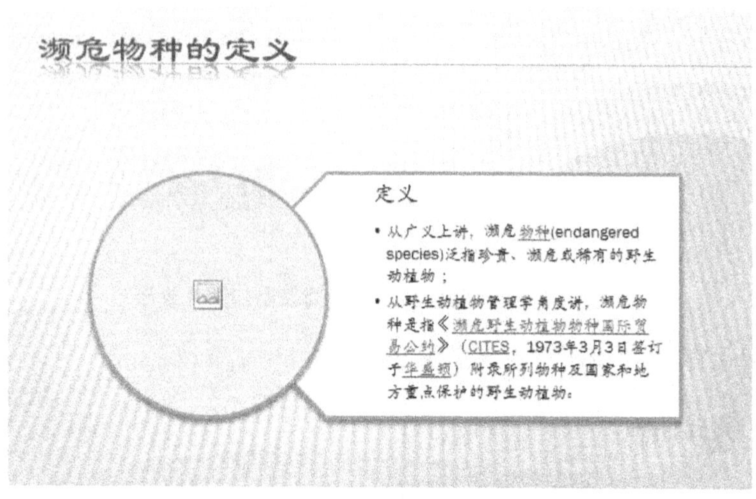

图 2-2-19 实训 2.2(2)

4. 技巧与提示

“转换为 SmartArt 图形”是 PowerPoint 2010 中特有的功能,将文本转换为 Smart 图形,使文字内容更加直观,同时可以插入相应的图片产生视觉上的影响。但不是任何文字都有必要进行转换，因此在转换前应根据整体文稿的需求而定。

2.2.4 幻灯片中对象的插入与编辑

1. 知识讲解

幻灯片中的对象包含很多内容,如图片、图示、剪贴画、表格、图表、自选图形、声音、影片等等。而其中的绝大部分对象都有相应的版式对应。我们只需要选择相应的版式,然后按提示操作就可以了。

2. 案例分析

【案例 2.5】 在“绿色环保.pptx”中插入图片和图表。

(1)打开“绿色环保.pptx”,定位到第一张幻灯片后面,插入一张新幻灯片,版式为【标题和内容】。在标题区域内输入:绿色的地球,我们的家;在下方区域插入一幅地球全景图,并把图片至于底层。

操作方法:版式的选定与内容的输入操作不再重复,具体介绍图片的插入。利用【插入】菜单中的【图片】或者将鼠标放在内容区域,直接点击内容区域中的图标。打开插入图片对话框,选择图片插入,这时图片便插入到当前的幻灯片中。调节相应的控制点将幻灯片调整到合适的高度,这时如果图片遮盖文字内容,可以在该图片上单击右键,在弹出的快捷菜单中选择【叠放次序】中的【置于底层】。效果如图 2-2-20 和图 2-2-21 所示。

图 2-2-20 【叠放次序】

图 2-2-21 在幻灯片中插入图片

(2)在第六张幻灯片后插入一张新的幻灯片,版式选择【标题和内容】。下面介绍如何插入图表。在标题区域输入“渤海污染物平均含量年变化”;利用【插入】菜单中的【图表】或者将鼠标放在内容区域,直接点击内容区域中的图标。打开插入图表对话框,如图 2-2-22 所示,选择合适的图表类型,如“簇状柱形图”,单击确定。插入该图表的同时 PowerPoint 2010 的界面右侧会产生一个 Excel 表格,根据需要输入横轴和纵轴的类别以及相应的数值后,关闭 Excel 表格即可。效果如图 2-2-23 所示。

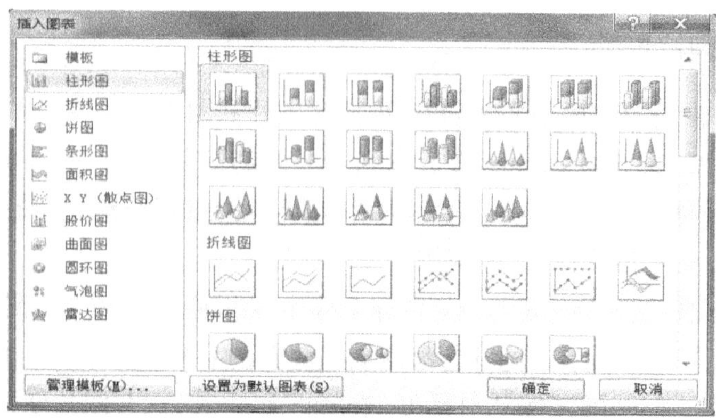

图 2-2-22　插入簇状柱形图

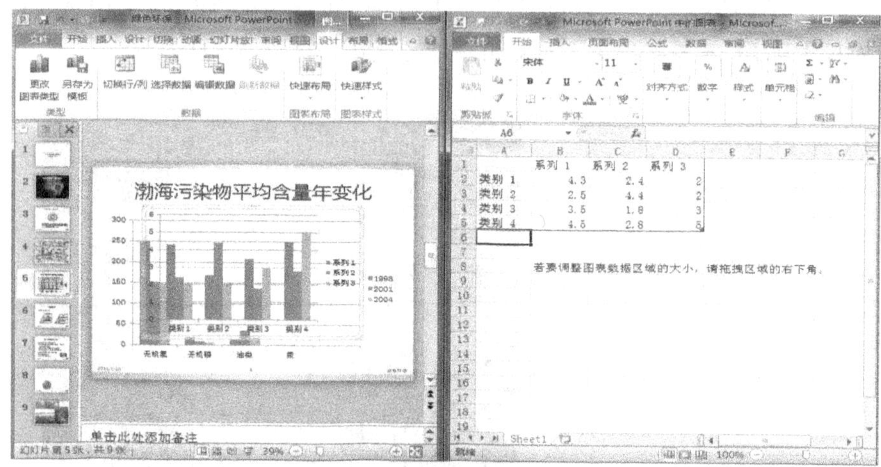

图 2-2-23　根据实际数值编辑插入的图表

(3)整理之前的几张幻灯片。如需要插入新的图片或图表时，方法同(1)和(2)。

(4)保存所做的操作，关闭该演示文稿。

3. 实战训练

【实训 2.3】 在“拯救濒危物种.pptx”演示文稿中进行版式的设置及对象的编辑。

实训目标：

通过本次实训训练，熟练应用幻灯片的各种版式，如在幻灯片中插入图片及对图片的各种操作。

实训要求：

打开“拯救濒危物种.pptx”为名称的幻灯片，进行如下操作：

(1)在第二张幻灯片后面插入一张幻灯片,幻灯片的版式为“只有标题”。

(2)在标题栏中输入标题内容后,根据标题内容插入有关图片。如标题设为“拯救大熊猫”,然后可以放几张大熊猫憨态可掬的照片。

(3)保存文稿,并关闭。

4.技巧与提示

有些如“销售业绩”或“年度报表”类型的演示文稿,利用插入图表能够巧妙地使演示文稿中数据部分变得直观。如果能够将插入的图表背景加以处理,如改变数据线的大小、颜色和平滑度,将会使图表看上去更加美观并具有说服力。

2.2.5 修饰演示文稿

1. 知识讲解

PowerPoint 2010 功能十分强大,可以支持我们制作带有个性的幻灯片,比如可以进行如下的设置:设置幻灯片背景、设置幻灯片的页眉页脚、对插入的图片进行优化编辑等。

(1)设计背景格式

PowerPoint 2010 专门提供了对背景格式的设置方法。我们可以通过更改幻灯片的颜色、阴影、图案或者纹理,改变幻灯片的背景格式。当然也可以通过使用图片作为幻灯片的背景,不过在幻灯片或者母版上只能使用一种背景类型。

(2)幻灯片页眉页脚的设置

页眉是指幻灯片文本内容上方的信息,页脚是指在幻灯片文本内容下方的信息,我们可以利用页眉和页脚来为每张幻灯片添加日期、时间、编号和页码等。

(3)对图片进行优化编辑

以往在制作一份产品演示文稿时,总要借助一些图片编辑工具对产品的照片进行裁剪、缩放、美化等编辑后再插入幻灯片中,制作起来比较麻烦。在 PowerPoint 2010 中可以直接使用图片的编辑、美化功能,更加方便、快捷地制作出个性演示文稿。

a.屏幕图片截取、裁剪

在制作演示文稿时,经常需要抓取桌面上的一些图片,如程序窗口、电影画面等,在以前我们需要安装一个图像截取工具才能完成。而在 PowerPoint 2010 中新增了一个屏幕截图功能,这样即可轻松截取、导入桌面图片。

b.去除图片背景

如果插入幻灯片中的图片背景和幻灯片的整体风格不统一，就会影响幻灯片播放的效果，这时可以对图片进行调整，去除掉图片上的背景。

c.添加艺术特效，让图片更个性

如果添加到幻灯片中的图片，按照统一尺寸摆放在文档中总是让人感觉中庸不显个性，也不会引起他人的注意。在 PowerPoint 2010 中增加了很多艺术样式和版式，这可以非常方便地打造一张张有个性的图片。

2. 案例分析

【案例 2.6】 在“绿色环保.pptx”中进行背景格式的重新设置。

需要说明的是，在设置幻灯片的背景色时，由于一般都选择了相应的模板，设置的背景色可能会被模板的颜色遮盖，这时就需要在【设置背景格式】设置对话框【填充】中将【隐藏背景图形】复选项选中。

具体操作：

(1)在幻灯片页面上单击右键，从弹出的快捷菜单中选择【设置背景格式】，打开该对话框，选择其中的【填充】项，如图 2-2-24。根据需要可以进行填充内容的改变。

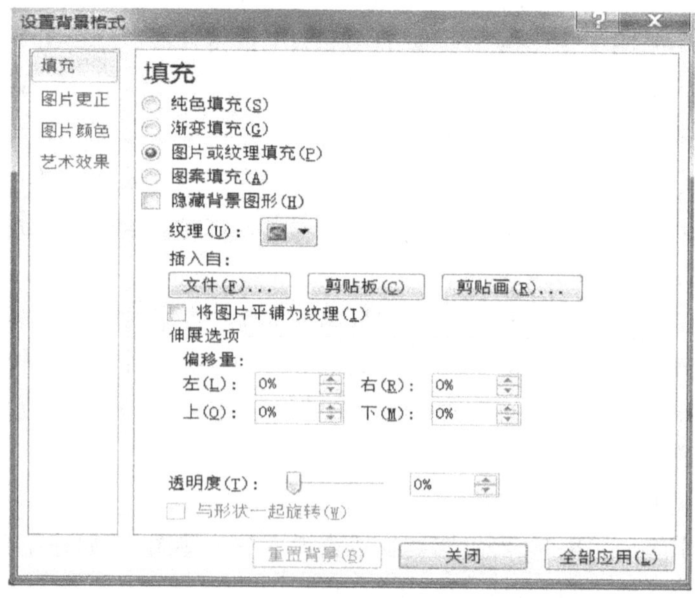

图 2-2-24　在快捷菜单中选择【背景】选项

(2)在【填充】对话框下可以看到【隐藏背景图形】选项，选中该选项则可以忽略所选背景的母版图形。

(3)上述操作也可以在工具栏中选择【设计】，在设计菜单中选择右侧的【背景】，此时可以更改背景样式，同时可以设置背景格式。如图 2-2-25 所示。

图 2-2-25 【填充效果】对话框

【案例 2.7】 在“绿色环保.pptx”中添加页眉和页脚。

设定演示文稿的页眉和页脚，要求幻灯片显示固定日期，在除首页外的幻灯片上显示幻灯片的编号；页脚要求显示“绿色环保”字样，并应用于所有幻灯片。

打开“绿色环保.pptx”，定位到任意一张幻灯片，选择【插入】菜单下的【页眉和页脚】选项，在页眉和页脚对话框中，我们希望幻灯片用于不同时间下，此时我们选中【日期和时间】复选框，并选择自动更新时间即可；如果想给每张幻灯片添加编号，则选中【幻灯片编号】复选框，这样就可以在幻灯片上添加编号，选中【标题幻灯片中不显示】，这样第一张标题幻灯片不显示编号；选中【页脚】复选框，在页脚文本框中输入“绿色环保”字样，这样每页都显示页脚“绿色环保”，效果如图 2-2-26 所示；如果希望每页都显示日期、文本、编号，单击【全部应用】按钮，应用于该演示文稿中的所有幻灯片，设置后的效果如图 2-2-27 所示。

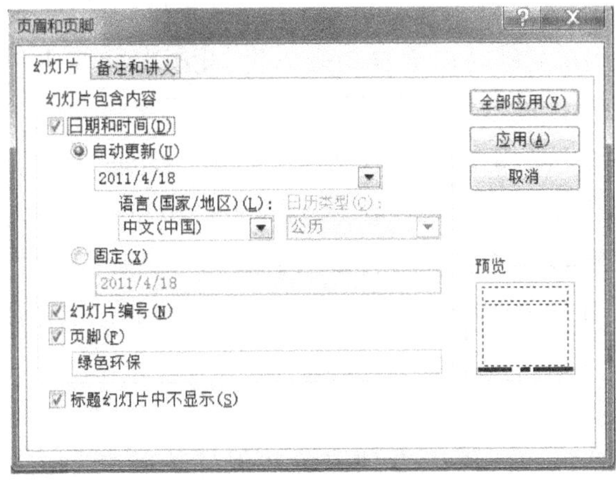

图 2-2-26 【页眉和页脚】对话框

图 2-2-27　添加【页眉和页脚】效果图

（4）保存所做的操作，关闭该演示文稿。

【案例 2.8】 在“绿色环保.pptx”中对已插入图片进行优化。

（1）完成图片的截取和裁剪

操作时，首先在 PowerPoint 2010 中打开需要插入图片的演示文稿并单击工具栏中的【插入】，选择【屏幕截图】按钮，弹出一个下拉菜单，在此我们可以看到屏幕上所有已开启的窗口缩略图。

单击其中某个窗口缩略图，即可将该窗口进行截图并自动插入文档中。如果想截取桌面某一部分图片，可以单击下拉菜单中的【屏幕剪辑】按钮，随后 PowerPoint 2010 文档窗口会自动最小化，此时鼠标变成一个“+”字，在屏幕上拖动鼠标就可以进行手动截图了。

截图后虽然直接就可以在演示文档中使用，但是如果为了最后的效果，要把图片的一部分裁剪掉，可以在 PowerPoint 2010 中快速对图片多余的地方进行裁剪，单击【图片工具】中的【裁剪】，随后可以看到图片边缘已被框选，使用鼠标拖动任意边框，这样即可对图片不需要的部分进行裁剪。效果如图 2-2-28 所示。

（2）去除所选图片的背景

选择第三张幻灯片，可以看到绿色环保标志的背景比较明显，当有了 PowerPoint 2010 后，去除类似的背景就不用专业的图像编辑工具了。首先单击图片，在工具栏中选择【图片工具】，进入后单击【删除背景】按钮，进入图像编辑界面，此时我们看到需要删除背景的图像中多出了一个矩形框，通过移动这个矩形框来调整图像中需保留的区域，效果如图 2-2-29 所示。保留区域选择后，单击“保留更改”按钮，这样图像中的背景就会自动删除了。

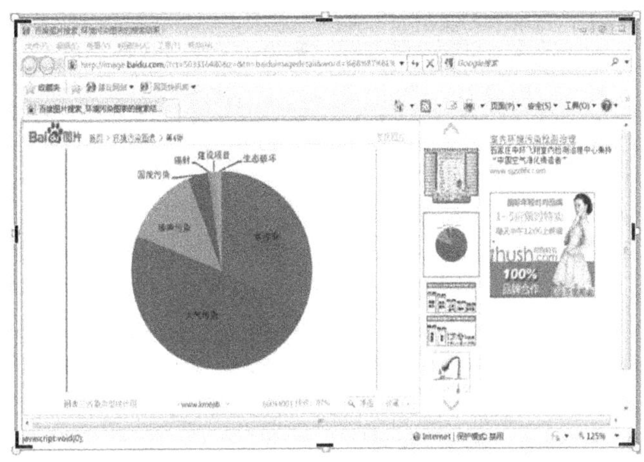

图 2-2-28 【裁剪】工具对图片的操作效果

图 2-2-29 【删除背景】操作过程

提示：PowerPoint 2010 提供的【删除背景】功能只是一个傻瓜式的背景删除功能，没有颜色编辑和调节功能，因此太复杂的图片背景无法一次性去除。

(3)为插入的图片添加艺术效果

首先单击图片，工具栏中出现【图片工具】项，选择【艺术效果】下拉列表，在打开的多个艺术效果列表中可以对图片应用不同的艺术效果，使其看起来更像素描、线条图形、粉笔素描、绘图或绘画作品。随后单击【图片样式】，在该样式列表中选择一种类型，如“矩形投影”，如图 2-2-30 所示。

图 2-2-30　背景删除并添加矩形投影

此外，还可以根据需要对照片进行颜色、图片边框、图片版式等项目设置。

(4)保存所做的操作，关闭该演示文稿。

3. 实战训练

【实训 2.4】 在“拯救濒危物种.pptx”中进行背景设置、页眉和页脚的设置，并对图片进行优化。

(1)设置演示文稿的页眉和页脚，要求幻灯片显示幻灯片的放映日期，在除首页外的幻灯片上显示幻灯片的编号；页脚要求显示“拯救濒危物种”字样，并应用于所有幻灯片。

(2)设置第五张幻灯片的背景为一张“金丝猴.jpg”图片。

(3)按照案例 2.8 中的图片优化，对该幅图片自行进行优化处理。

(4)保存修改后的演示文稿。

到目前为止，演示文稿的内容部分就已经添加完成了。最后不要忘记加上结束页。效果如图 2-2-31 所示。

图 2-2-31　实训 2.4

4. 技巧与提示

不仅幻灯片可以添加页眉和页脚，备注和讲义同样也可以。页眉和页脚的添加可以使打印出的幻灯片顺序更加清晰。

2.3　让观者不再疲劳——幻灯片动态展示

2.3.1　演示文稿中超级链接的使用

1. 知识讲解

用 PowerPoint 制作的演示文稿在播放时，默认情况下是按幻灯片的先后顺序放映，不过，我们完全可以在幻灯片中设计一种链接方式，使得单击某一对象时能够跳转到预先设定的任意一张幻灯片、其他演示文稿、Word 文档、其他文件或 Web 页。

创建超级链接时，起点可以是幻灯片中的任何对象（文本或图形），激活超级链接的动作可以是【单击鼠标】或【鼠标移过】，还可以把两个不同的动作指定给同一个对象，例如，使用单击激活一个链接，使用鼠标移动激活另一个链接。

如果文本在图形之中，可分别为文本和图形设置超级链接，代表超级链接的文本会添加下划线，并显示配色方案指定的颜色，从超级链接跳转到其他位置后，颜色就会改变，这样就可以通过颜色来分辨访问过的链接。

通过超级链接可以使演示文稿具有人机交互性，大大提高其表现能力，被广泛应用于教学、报告会、产品演示等方面。

在幻灯片中添加超级链接有两种方式：设置动作按钮和通过将某个对象作为超级链接点建立超级链接。

2. 案例分析

【案例 2.9】 在“绿色环保.pptx”中进行超链接和动作按钮的设置。

在播放演示文稿“绿色环保.pptx”时，单击第 2 张幻灯片“绿色的地球，我们的家”时，就能直接转换到第 9 张幻灯片“可怕的家园”；当需要从跳转到的幻灯片返回时，能直接返回到第 2 张幻灯片。

具体操作：

（1）打开“绿色环保.pptx”，选择第 2 张幻灯片，在图片上单击右键，弹出的快捷菜单上选择【超链接…】，弹出【插入超链接】对话框，我们要链接的是本演示文稿中的第 9 张幻灯片，在【链接到】下面选择【本文档中的位置】，单击【屏幕提示……】按钮，可以输入屏幕提示；在【请选择文档中的位置】下选择“9.可怕的家园”，单击【确定】就设置了超链接（如图 2-3-1 所示）。用同样的方法可以设置其他超链接。

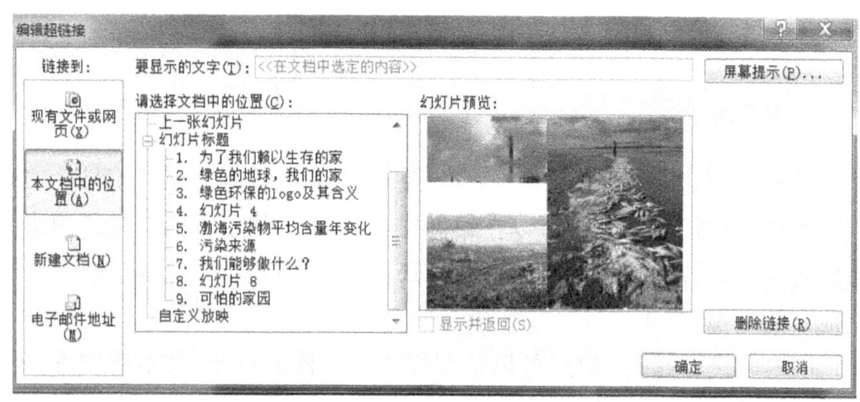

图 2-3-1 【插入超链接】对话框

（2）在第 8 张幻灯片上插入一个“植物”小图片，在【插入】工具栏中选择【链接】中的【动作】，如图 2-3-2 所示；弹出【动作设置】对话框，效果如图 2-

3-3 所示，选择【单击鼠标】选项卡，在【单击鼠标时的动作】下面选择【超链接】到单选按钮，在其下拉列表中选择位置；选择【运行程序】单选框，可以通过单击【浏览】按钮找到某个程序的存放位置，使超级链接到指定的程序；选择【无动作】单选按钮，可以取消动作设置；选择【播放声音】复选框，单击【播放声音】下拉列表可以为动作选择某一声音，在执行动作的同时播放声音。

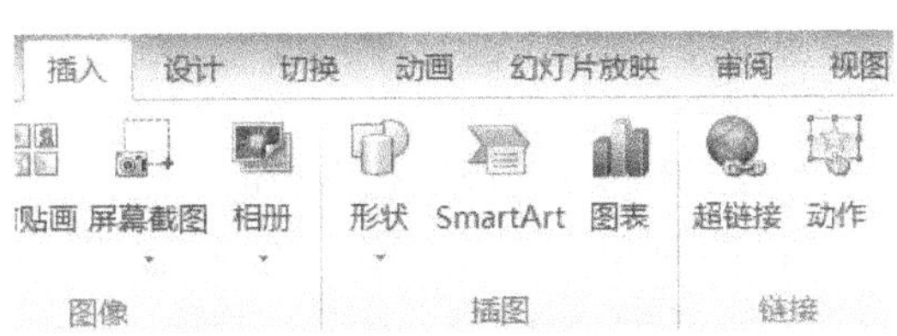

图 2-3-2　选择【动作】选项图

图 2-3-3　【动作设置】对话框

3. 实战训练

【实训 2.5】 对演示文稿进行超链接设置。

实训目标：

通过本实训训练，使读者运用 PowerPoint 2010 进行插入超链接练习。

实训要求：

打开实训 2.1 中制作的“拯救濒危物种”演示文稿，进行如下操作：

(1)在第 3 张幻灯片中选择一张大熊猫的图片，动作设置为单击鼠标时超链接到下一页幻灯片。

(2)在超链接的同时播放声音。

(3)保存修改后的演示文稿。

4. 提示与技巧

(1)插入超链接的方法

● 利用常用工具栏上的【插入超级链接】按钮。

● 在要插入超链接的对象上单击右键，在弹出的快捷菜单中选择【超链接】。

● 选择【插入】菜单下的【超链接…】选项。

(2)超链接的编辑和删除

● 在超链接的文本或对象上单击右键，从弹出的菜单中【选择编辑超链接】，可以对超链接进行编辑，编辑超链接与【插入超链接】的对话框相同。

● 在超链接的文本或对象上单击右键，从弹出的快捷菜单中选择【删除超链接】命令。

2.3.2 演示文稿中动画效果的设置

1. 知识讲解

动画效果是 PowerPoint 2010 中最吸引人的地方，我们前面所做的演示文稿都是静态的，如果只让观众看一些静止的文字，时间长了就会让人产生昏昏欲睡的感觉。PowerPoint 2010 中有以下四种不同类型的动画效果：

(1)“进入”效果。例如，可以使对象逐渐淡入焦点、从边缘飞入幻灯片或者跳入视图中。

(2)“退出”效果。这些效果包括使对象飞出幻灯片、从视图中消失或者从幻灯片旋出。

(3)“强调”效果。这些效果的示例包括使对象缩小或放大、更改颜色或沿着其中心旋转。

(4)动作路径。使用这些效果可以使对象上下移动、左右移动或者沿着星形或圆形图案移动。

当然，你可以单独使用任何一种动画，也可以将多种效果组合在一起。例如,可以对一个文本应用“强调”进入效果及“陀螺旋”强调效果,使它旋转起来。

在 PowerPoint 2010 中,可以利用【动画】添加任意动画效果,并且可以自定义动画效果。

2. 案例分析

【案例 2.10】 设置“绿色环保.pptx”中第 8 张幻灯片中 3 张图片的动画效果。

具体操作:

(1)选择第 8 张幻灯片,单击工具栏中的【动画】,用鼠标选择需要添加动画的图片,在动画中选择【出现】,然后可以预览该效果。

(2)对第 2 幅图片再次添加动画效果。此时,如果在列出的效果中没有合适的,可以单击【动画】右下角处的下拉箭头,选择更多的进入效果(如图 2-3-4 所示)。在此我们选择【轮子】效果,选择了进入效果后,单击右侧的向下箭头,则弹出对话框,如图 2-3-5 所示,可以设置轮子的效果,也可以点击右下脚下拉图标,出现如图 2-3-6 所示的对话框,用以设置轮子的效果。

用同样的方法,我们可以进行第 3 幅图片的设置。

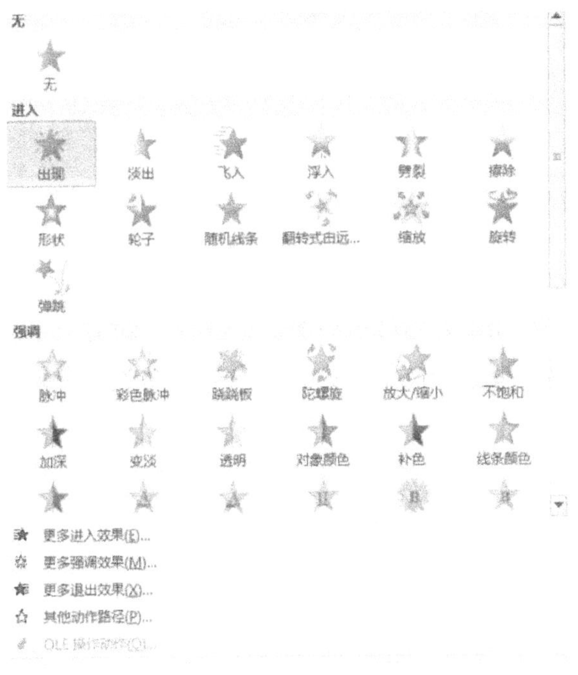

图 2-3-4 【动画】效果

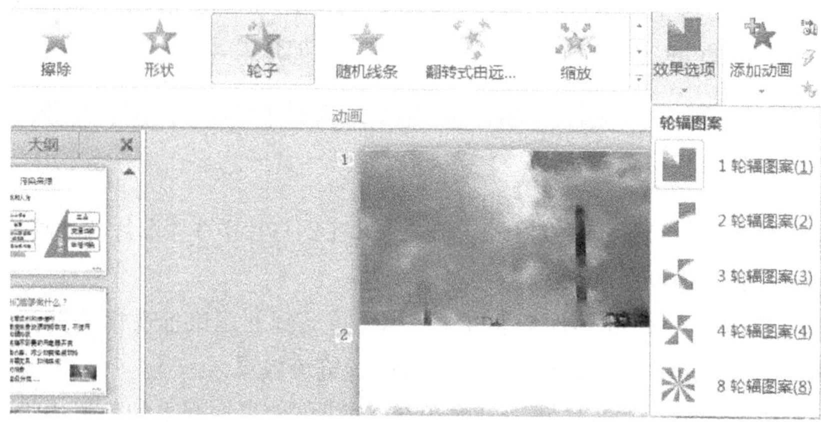

图 2-3-5　选择【效果选项】

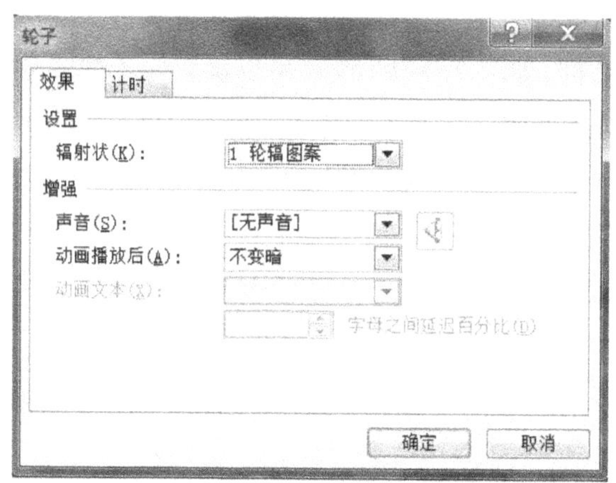

图 2-3-6　设置【轮子】的效果

(3)选择要添加多个动画效果的文本或对象。在【动画】选项卡上的【高级动画】组中，单击【添加动画】，如果有多个对象需要设置相同的动画效果，在 PowerPoint 2010 中就可以使用【动画刷】。如图 2-3-7 所示。

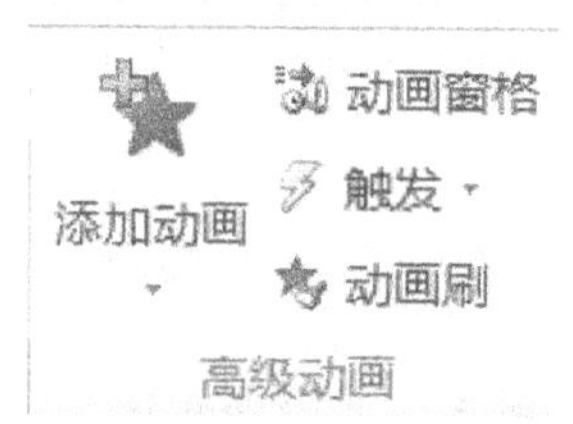

图 2-3-7　高级动画及动画刷

(4)第1张图片我们设置了【轮子】效果，同时还可以进行【计时】的设置，打开如图2-3-8所示的对话框，即可设置触发的状态、延迟时间等内容。

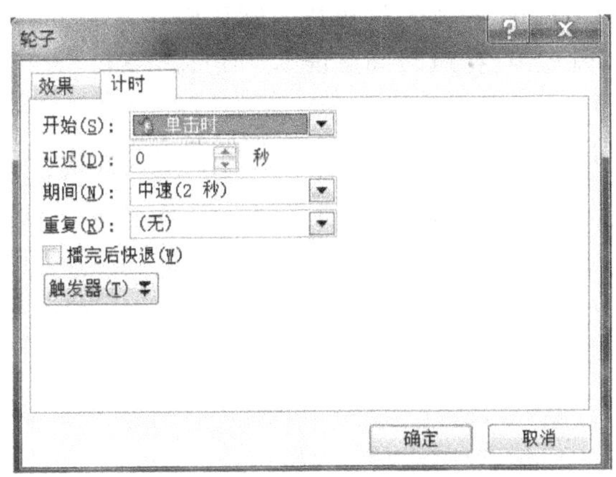

图2-3-8 【轮子】计时效果

3. 实战训练

【实训2.6】 打开“拯救濒危物种.pptx”，将第4张幻灯片中“朱鹮”的图片添加动画“跷跷板”。

4. 提示与技巧

对于幻灯片的动画方案设置，主要是利用【动画】工具栏中的【动画】和【高级动画】进行设计。

具体操作过程是，选定要设置动画效果的幻灯片，在任务窗格中选择【动画】，从众多的方案中选择一种，选好后可以通过预览看一下效果如何。

2.3.3 幻灯片切换

1. 知识讲解

幻灯片的切换是指从一张幻灯片变换到另一张幻灯片的过程，是向幻灯片添加视觉效果的另一种方式，也称为换页。如果没有设置幻灯片切换效果，则放映时单击鼠标切换到下一张，而幻灯片切换效果是在演示期间从一张幻灯片移到下一张幻灯片时出现的动画效果，可以控制切换效果的速度，添加声音，甚至还可以对切换效果的属性进行自定义。

2. 案例分析

【案例 2.11】 打开"绿色环保.pptx"，设置第二张幻灯片图片出现的效果为设为"百叶窗，风铃声，持续时间 2.00"。

具体操作：

(1)选择第 2 张幻灯片，单击工具栏中的【切换】选项，单击切换右下角处得下拉三角，显示如图 2-3-9 所示的对话框。切换效果分为细微型、华丽型和动态内容。

图 2-3-9 【切换】效果对话框

(2)在【华丽型】中选择百叶窗，并在【计时】处设置声音效果为"风铃，时间 02.00"。

(3)保存所做的修改，关闭演示文稿。

3. 实战训练

【实训 2.7】 打开"拯救濒危物种.pptx"，设置第 5 张幻灯片的切换效果，切换方式为溶解、切换方式为鼠标单击、切换时的声音为微风。

4. 技巧与提示

幻灯片切换技巧的熟练掌握，能够加强幻灯片放映的生动性。这里需要注意设置切换效果后务必放映一遍，以查看效果是否符合主题需要，比如在严肃场合中切换效果过于花哨反而使观者不悦；此外还要注意声音的配合，有些声音过于响亮，并不适合所有场合。

2.3.4 幻灯片中添加音频和视频

1. 知识讲解

在操作演示文稿过程中，有时候希望播放视频文件来增加演示的效果，在 PowerPoint 2010 中可以嵌入视频或链接到视频。嵌入视频时，不必担心在拷贝演示文稿到其他位置时会丢失文件，因为所有文件都各自存放。还可以限制演示文稿的大小，可以链接到本地硬盘的视频文件或者上传到网站上（优酷、土豆等）的视频文件。

2. 案例分析

【案例 2.12】 打开“绿色环保”演示文稿，在第 4 张幻灯片中插入视频文件。

具体操作：

（1）打开工具栏中【插入】选项卡中的【媒体】，单击【视频】，如图 2-3-10 所示。

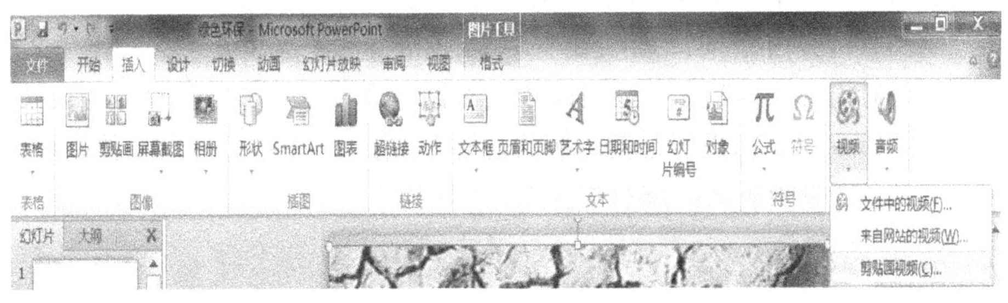

图 2-3-10 【插入】视频

（2）在【视频】功能下可以选择来源于文件中的视频还是网站的视频。如果是来源于网站的视频复制嵌入代码。

（3）保存修改后的演示文稿，此时在文档播放到插入视频位置时，可以看到相关的视频。

3. 实战训练

【实训 2.8】 打开“拯救濒危物种.pptx”，在第 3 张幻灯片中插入大熊猫的视频文件。

4. 提示与技巧

在演示文稿中嵌入视频时需要注意：

（1）如果安装了 QuickTime 和 Adobe Flash 播放器，则 PowerPoint 将支持 QuickTime(.mov、.MP4)和 Adobe Flash(.swf)文件。

（2）在 PowerPoint 2010 中使用 Flash 存在一些限制，包括不能使用特殊效果（例如阴影、反射、发光效果、柔化边缘、棱台和三维旋转）、淡出和剪裁功能以及压缩这些文件以更加轻松地进行共享和分发的功能。

（3）PowerPoint 2010 不支持 64 位版本的 QuickTime 或 Flash。

2.4 辅助演讲者的工具——幻灯片播放技巧

1. 知识讲解

当演讲人不能出席演示文稿会议、需要自动放映演示文稿，或其他人从 Internet 上直接访问演示文稿时，可以在放映演示文稿时添加旁白。旁白是指演讲者对演示文稿的解释，在播放幻灯片的过程中可以同时播放的声音。要想录制和收听旁白，要求计算机要有声卡、扬声器和麦克风。

如果对幻灯片的整体放映时间难以把握，或者是有旁白幻灯片的放映，或者是每隔一定时间进行自动切换的幻灯片，这时采用排练计时功能来设置演示文稿的自动放映时间就非常有用。

2. 案例分析

【案例 2.13】 打开“绿色环保.pptx”进行录制旁白和排练计时操作。

- 给第 6 张幻灯片录制旁白，并保存录制旁白的时间。
- 前 5 张幻灯片进行排练计时，记录排练计时的时间。
- 在幻灯片的切换中，使用每隔排练计时的时间作为幻灯片的切换时间间隔。

具体的操作步骤为：

（1）在普通视图下，选择第 6 张幻灯片，然后选择【幻灯片放映】菜单下的【录制幻灯片演示】选项，此时需选择“从当前幻灯片开始录制”，出现对话框如图 2-4-1 所示。选择好想要录制的内容后，单击【开始录制】按钮，则进入幻灯片放映方式，此时可以开始录制旁白。

(2)在录制旁白的过程中，可以通过单击鼠标右键，在弹出的快捷菜单中选择【暂停录制】或【结束放映】，可以暂停或退出录制状态，如图 2-4-2 所示。

(3)退出后视图状态变为幻灯片视图。

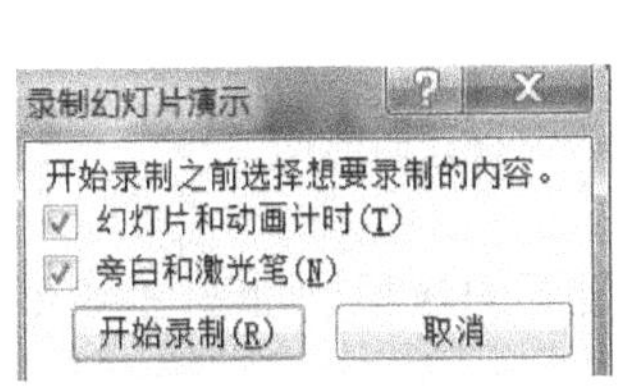

图 2-4-1 【录制旁白】对话框

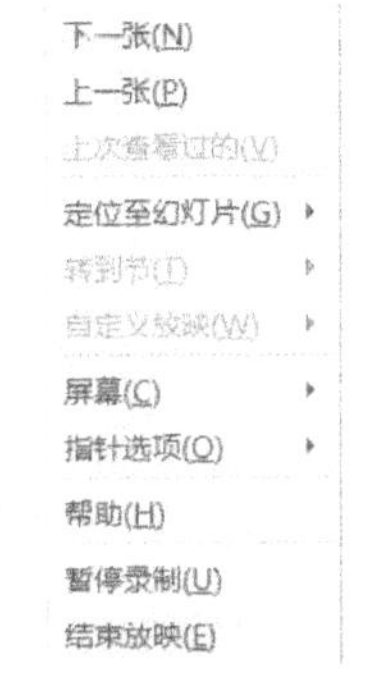

图 2-4-2 【暂停录制】和【结束放映】控制

(4)排练计时前，先在【幻灯片放映】菜单下选择【设置幻灯片放映】，如图 2-4-3 所示，选择要放映类型，同时设置放映内容。根据要求从第 1 张幻灯片开始进行排练，第 5 张幻灯片排练结束时结束幻灯片的放映，则放映幻灯片选择从 1 到 5，然后确定。

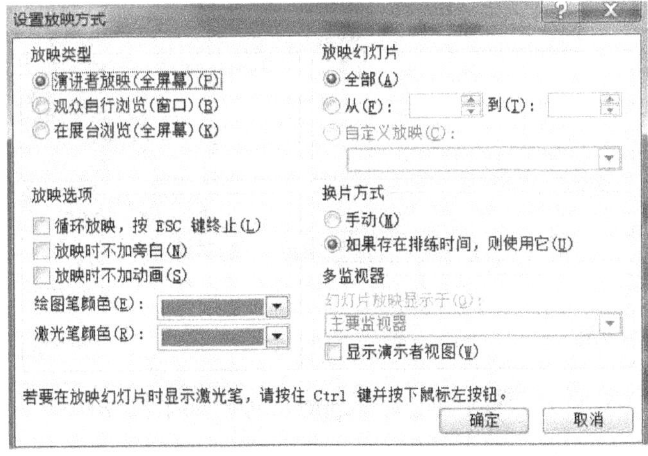

图 2-4-3 【设置放映方式】对话框

(5)选择【幻灯片放映】菜单下的【排练计时】选项，进入幻灯片播放并计时状态，计时窗口如图 2-4-4 所示。到第 5 张幻灯片播放结束后，根据之前的设置,此时结束放映,并出现如图 2-4-5 所示的对话框。

图 2-4-4 排练计时状态

图 2-4-5 结束放映后是否保存计时时间

设置了计时的幻灯片在幻灯片浏览视图下的效果。如图 2-4-6 所示。

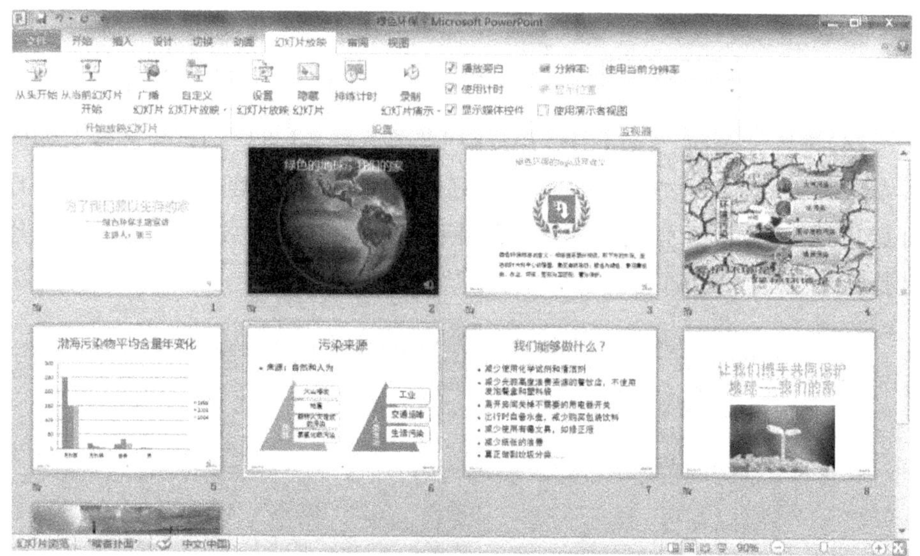

图 2-4-6 【浏览视图】下的效果图

3. 实战训练

【实训 2.9】打开“拯救濒危物种.pptx”,进行如下操作:

(1)给第 4 张幻灯片“朱鹮”录制旁白,并保存录制旁白的时间。

(2)对整个演示文稿进行排练计时,记录排练计时的时间。

(3)在幻灯片的切换中,使用每隔排练计时的时间设置幻灯片切换时间间隔。

4. 提示与技巧

删除旁白的具体操作步骤为：在普通视图中，选择幻灯片右下角的■图标。按键盘上的 Delete 键即可删除该幻灯片对应的旁白。如果希望运行没有旁白的演示文稿而又不想删除旁白，在图 2-4-3【设置放映方式】中选择【放映时不加旁白】复选框。

2.5 统一文稿的大师——幻灯片母版解说

2.5.1 母版的制作与编辑

1. 知识讲解

幻灯片母版是存储关于模板信息的设计模板的一个元素，这些模板信息包括字形、占位符大小、位置、背景设计和配色方案。PowerPoint 2010 演示文稿中的每一个关键组件都拥有一个母版，如：幻灯片、备注和讲义。母版是一类特殊的幻灯片，幻灯片母版控制了某些文本特征，如字体、字号、字形和文本的颜色；还控制了背景色和某些特殊效果如阴影和项目符号样式；包含在母版中的图形及文字将会出现在每一张幻灯片及备注中。所以，如果在一个演示文稿中使用幻灯片母版的功能，就可以使整个演示文稿格式统一，减少工作量，提高工作效率。使用母版功能可以更改以下几方面的设置：

- 标题、正文和页脚文本的字形。
- 文本和对象的占位符位置。
- 项目符号样式。
- 背景设计和配色方案。

幻灯片母版的目的是对幻灯片进行全局更改（如替换字形），并使该更改应用到演示文稿中的所有幻灯片。

可以像更改任何幻灯片一样更改幻灯片母版，幻灯片母版中各占位符的功能如下：

- 自动版式的标题区：用于设置演示文稿中所有幻灯片的标题文字格式、位置和大小。
- 自动版式的对象区：用于设置幻灯片的所有对象的格式，以及各级文本的文字格式、位置和大小及项目符号的格式。

- 日期区:用于给演示文稿中的每一张幻灯片自动添加日期,并决定日期的位置、日期文本的格式。

- 页脚区:用于给演示文稿中的每一张幻灯片添加页脚,并决定页脚文字的格式。

- 数字区:用于给演示文稿中的每一张幻灯片自动添加序号,并决定序号的位置、序号文字的格式。

2. 案例分析

【案例 2.14】 打开“绿色环保.pptx”,设置版式【图片与标题】的母版标题部分字体为隶书、加粗、32 号字;文字部分的字体为宋体、深蓝、20 号字。设置版式为【标题和内容】页添加绿色环保的图标。

(1)打开“绿色环保.pptx”,选择【视图】,在【母版视图】中选择【幻灯片母版】切换到幻灯片母版视图,如图 2-5-1 所示。此时会发现所有版式都出现在幻灯片窗口中,根据需要修改。

图 2-5-1 【幻灯片母版】视图

(2)选择版式为【标题和内容】的母版,在上面插入“绿色环保”图标,效果如图 2-5-2 所示。

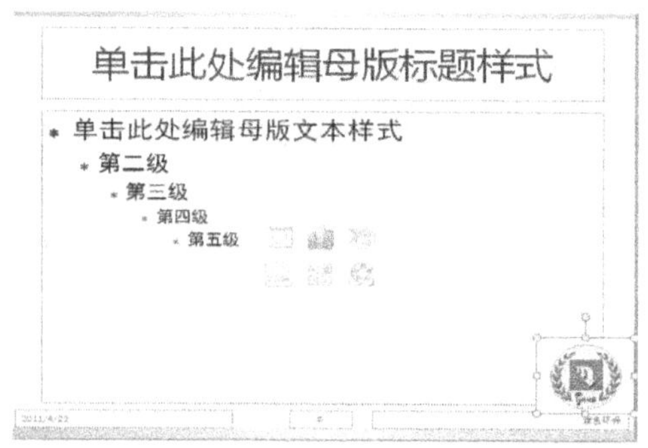

图 2-5-2 在【标题和内容】版式下插入图标

(3)在【幻灯片母版】中找到版式为【图片与标题】的母版,右键单击出现图 2-5-3 所示对话框,根据要求依次修改字体、字号和颜色即可。

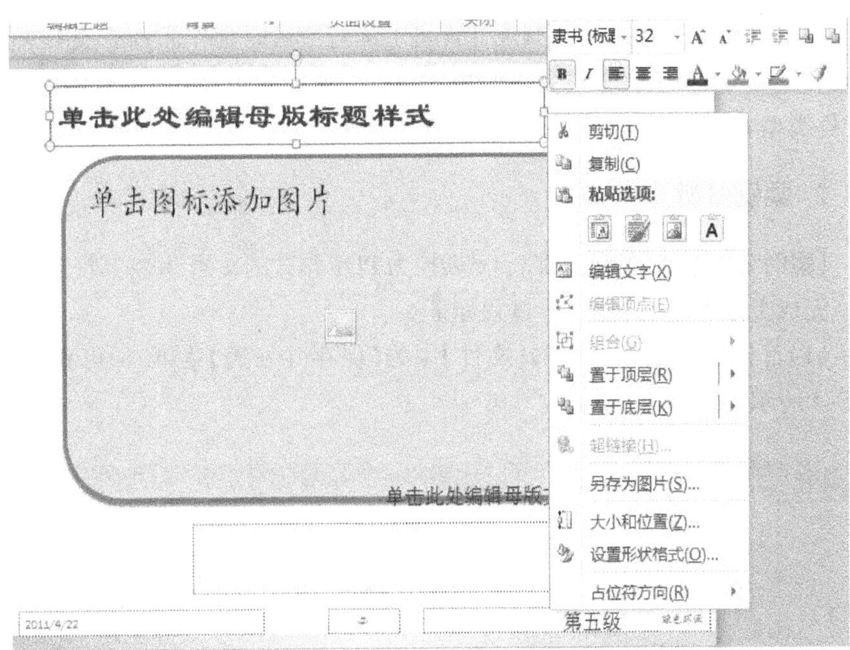

图 2-5-3 修改字体、字号和颜色对话框

(4)保存所修改的演示文稿,并关闭。

3. 实战训练

【实训 2.9】 设置“拯救濒危物种.pptx”一级文本、二级文本的格式。

设置第二张幻灯片文本中一级文本的字体为紫色、微软雅黑、加粗、32 号;二级文本的格式为蓝色、楷书、30 号。

4. 技巧与提示

母版上的文本只用于样式,实际的文本(如标题和列表)应在普通视图的幻灯片上输入,而页眉和页脚应在【页眉和页脚】对话框中输入。

使用 PowerPoint 2010 幻灯片母版视图可以轻松处理背景图案。

2.5.2 演示文稿文件类型的修改

1. 知识讲解

有时需要把幻灯片拿到其他计算机上运行或者是把作品刻录成 CD 保存起来，还有时需要将 PPT 以 PDF 格式保存，这时可以使用 PowerPoint 2010【文件类型】功能。

2. 案例分析

【案例 2.15】 将“绿色环保.pptx”转换为 PDF 格式的文档,并将其打包成 CD。

完成上述要求,具体操作过程如下:

(1)首先选择工具栏中的【文件】中的【保存并发送】菜单,即可看到如图 2-5-4 所示的【文件类型】。

图 2-5-4 【文件类型】修改

(2)在【文件类型】中选择“创建 PDF/XPS 文档”,则可以创建 PDF 格式的文件,创建结束后在指定路径下保存 图标。

(3)在【文件类型】中选择“打包成 CD”,弹出【打包成 CD】对话框,如图 2-5-5 所示。

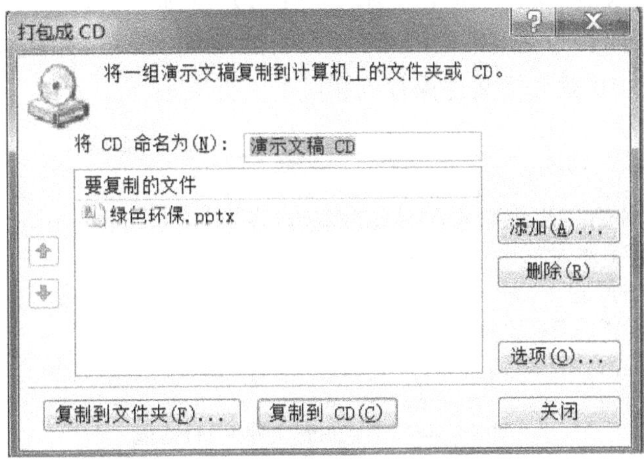

图 2-5-5 【打包成 CD】对话框

此时可以给 CD 重新命名，同时可以设置要复制的文件，单击【添加…】命令按钮，打开【添加文件】对话框，从中选择要一起包含进 CD 的幻灯片文件，如图 2-5-6 所示。

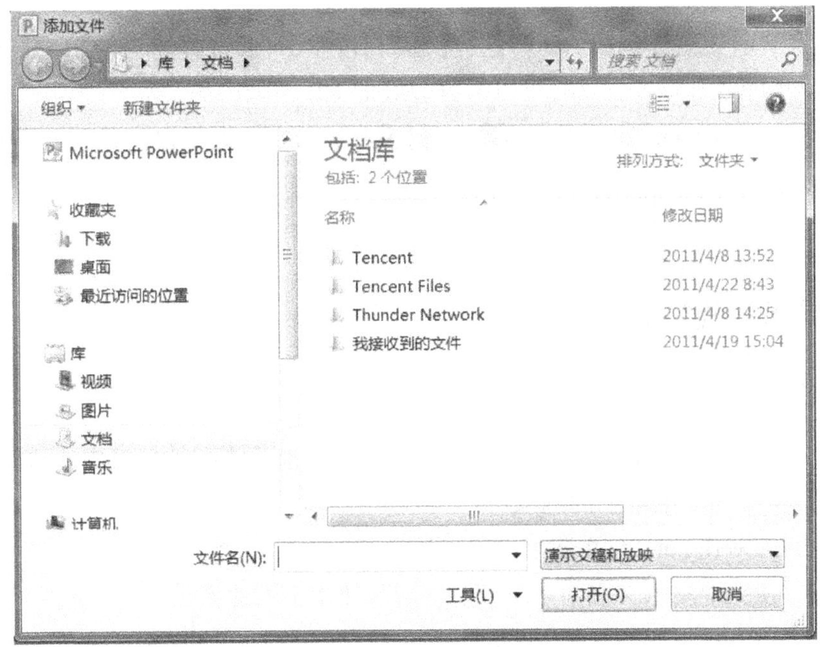

图 2-5-6 【添加文件】对话框

(4)选择好需要打包成 CD 的内容后，单击【打包成 CD】对话框中的【复制到文件夹】按钮,在弹出的【复制到文件夹】对话框中设定文件夹的名称为"我的 PPT"、保存位置为"我的文档",单击【确定】按钮,如图 2-5-7 所示,PowerPoint 2010 就会将文件保存到相应的文件夹中。

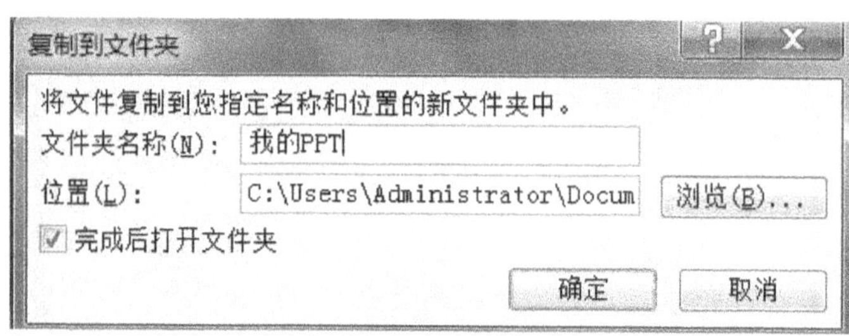

图 2-5-7 【复制到文件夹】对话框

3. 实战训练

【实训 2.10】 把"拯救濒危物种.pptx"打包成 CD,并保存到"D:\ ppt"文件夹中。

4. 技巧与提示

将演示文稿打包成 CD 时选择【选项】按钮,可以选择将与演示文稿相关的链接内容一起打包,同时可以为打包好的 CD 添加密码。

在 PowerPoint 2010 中,如果选择【复制到 CD】,则可以自动将打包的内容刻录在空盘中。

2.6 思考与习题

一、填空题

1. 在 PowerPoint 2010 中,为每张幻灯片设置放映时的切换方式,应使用______________菜单下的选项。
2. PowerPoint 2010 演示稿的扩展名是____________。
3. 在一个演示文稿中__________同时使用不同的模板。
4. 插入一张新幻灯片,可以单击_________菜单下的命令。
5. 幻灯片删除可以通过快捷键或菜单下的_________命令。
6. 新幻灯片的放映方式分为人工放映方式和____________。

7. PowerPoint 2010 中，在浏览视图下，按住________并拖动某幻灯片，可以完成操作。

8. 如要终止幻灯片的放映，可直接按________键。

9. PowerPoint 2010 中，插入图片操作在_______下拉菜单中选择命令。

10. 使用下拉菜单中的________命令改变幻灯片的背景。

11. PowerPoint 2010 中，用文本框在幻灯片中添加文本时，在【插入】菜单中应选择________项。

二、选择题

1. 在 PowerPoint 2010 的幻灯片浏览视图下，不能完成的操作是

A 调整个别幻灯片位置　　B 删除个别幻灯片

C 编辑个别幻灯片内容　　D 复制个别幻灯片

2. 在 PowerPoint 2010 中，对于已创建的多媒体演示文档可以用命令转移到其他未安装 PowerPoint 2010 的机器上放映

A 文件 / 打包　　B 文件 / 发送

C 复制　　D 幻灯片放映 / 设置幻灯片放映

3. 在 PowerPoint 2010 中，【开始】下拉菜单中的命令可以用来改变某一幻灯片的布局

A 绘图　　B 幻灯片版式

C 幻灯片配色方案　　D 字体

4. PowerPoint 2010 中，有关幻灯片母版中的页眉页脚下列说法错误的是

A 页眉或页脚是加在演示文稿中的注释性内容

B 典型的页眉 / 页脚内容是日期、时间以及幻灯片编号

C 在打印演示文稿的幻灯片时，页眉 / 页脚的内容也可打印出来

D 不能设置页眉和页脚的文本格式

5. PowerPoint 2010 中，在浏览视图下，按住 Ctrl 并拖动某幻灯片，可以完成操作

A 移动幻灯片　　B 复制幻灯片

C 删除幻灯片　　D 选定幻灯片

6. 如要终止幻灯片的放映，可直接按键

A Ctrl+C　　B Esc

C End　　D Alt+F4

7. PowerPoint 2010 中，在视图中，用户可以看到画面变成上下两半，上面是幻灯片，下面是文本框，可以记录演讲者讲演时所需的一些提示重点

A 备注页视图　　B 浏览视图

C 幻灯片视图　　D 黑白视图

8. PowerPoint 2010 中，有关幻灯片母版的说法中错误的是

A 只有标题区、对象区、日期区、页脚区

B 可以更改占位符的大小和位置

C 设置占位符的格式

D 可以更改文本格式

9. 一个 PowerPoint 2010 演示文稿是由若干个组成

A 幻灯片　　B 图片和工作表

C Office 文档和动画　　D 电子邮件

10. PowerPoint 2010 的超链接可以使幻灯片播放时自由跳转到

A 某个 Web 页面　　B 演示文稿中某一指定的幻灯片

C 某个 Office 文档或文件　　D 以上都可以

11. 在空白幻灯片中不可以直接插入

A 文本框　　B 超链接

C 艺术字　　D Word 表格

12. 在演示文稿中，在插入超级链接中所链接的目标，不能是

A 另一个演示文稿　　B 同一演示文稿的某一张幻灯片

C 其他应用程序的文档　　D 幻灯片中的某个对象

2.7 综合实训题

【综合实训 1】

实训目的：

综合运用自定义动画、幻灯片切换、文本框的使用、文本格式的设置、用图片作为背景来制作演示文稿。

实训要求：

(1)以“秋天的介绍”为主题，用下面的文字作为其中一页幻灯片的文本。

秋声黄花深巷，红叶低窗，凄凉一片秋声。

雨中黄叶树，灯下白头人。

月有微黄禽无影，挂牵牛数朵青花小，秋太淡，添红枣。

(2)按照文字的意境，用适当的图片作为背景。

(3)在演示文稿播放过程中要求有相应的背景音乐。

(4)每一张幻灯片上的文本出现时要设置不同的进入、退出、强调及动作路径效果。

(5)设置不同的幻灯片切换效果，幻灯片方式设置为每隔多长时间。

(6)文件名为“秋声赋.pptx”，保存到“D:\ 综合实训”文件夹中。

在幻灯片浏览效果下，演示文稿的最终效果如图 2-7-1 所示。

图 2-7-1 综合实训 1【幻灯片浏览】下的效果图

【综合实训 2】

实训目的：

综合运用超链接、母版、自选图形图表、自定义动画等知识，制作幻灯片满足如下要求：

(1)以“中国动漫产业分析”为主题，利用母版效果在除首页幻灯片外，其他每张幻灯片上都出现相同的文本“动漫”。

(2)对每一页幻灯片设置不同的切换效果。

(3)在“动漫产业链”页中添加自选图形，并采用不同动画效果。

(4)在“消费者问卷分析”页中添加图表。

(5)当单击第 5 页幻灯片中“个案分析”文本时能跳转到“个案分析”的幻灯片页。

(6)文件名为“中国动漫产业分析.pptx”，保存到“D:\ 综合实训”文件夹中。

在幻灯片浏览模式下,演示文稿的最终效果如图 2-7-2 所示。

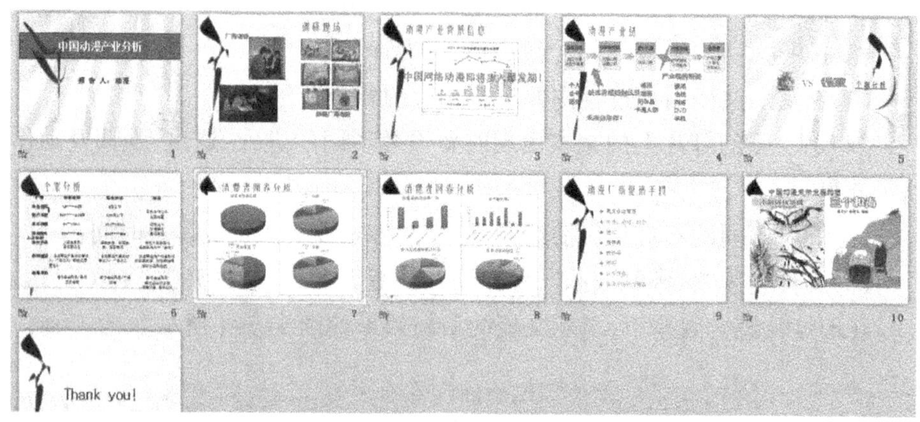

图 2-7-2　综合实训 2【幻灯片浏览】下的效果图

2.8　Power Point 问答

1. 我的课件为什么在有些计算机上 Flash 动画可以正常播放,有些却不行呢?

答:在你使用的计算机上安装的 PowerPoint 上面没有对 Flash 动画控制进行注册,具体解决的方法如下:在 Power 菜单栏空白处右键选择“控件工具箱”,在弹出来显示的“控件工具箱”右下角的“其他控件”下拉菜单“注册自定义控件”选择 C:\Windows\System32\Macromed\Flash。

2. 我的课件在宽屏交互式电子屏上显示不满屏,有什么办法可以使 PPT 显示满屏?

答:通过 PowerPoint 文件-页面设置进行调整为宽屏即可。

3. 打开 PPT 文件的时候出现提示格式不兼容,怎么办?

答:你打开的 PPT 文件可能是用更高版本的 PowerPoint 编辑生成的,你需要安装一个 Office2007 格式升级包来让你的 PowerPoint 兼容更高版本的文件。

第3章 电子白板

3.1 入门到精通:学会使用电子白板

3.1.1 安装并打开白板软件、熟悉软件界面

3.1.1.1 天士博电子白板软件的安装

找到天士博电子白板生产厂家提供的驱动光盘,放入电脑光驱,等待光驱读取光盘资料,一般光盘都有自动播放的功能,此时计算机会自动弹出光盘的安装界面,如图 3-1-1 所示。

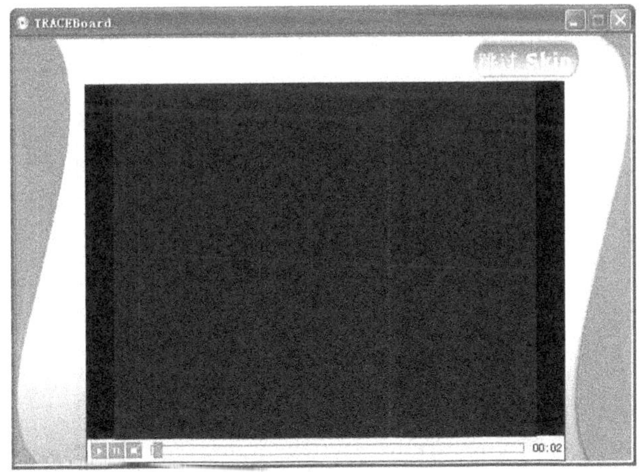

图 3-1-1

点击右上角的"跳过 Skip"进入下一步,如图 3-1-2 所示。

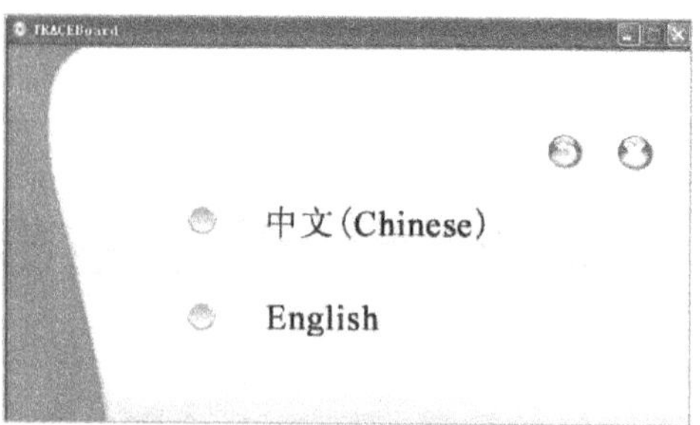

图 3-1-2

选择“中文(Chinese)”进入下一步，如图 3-1-3 所示。

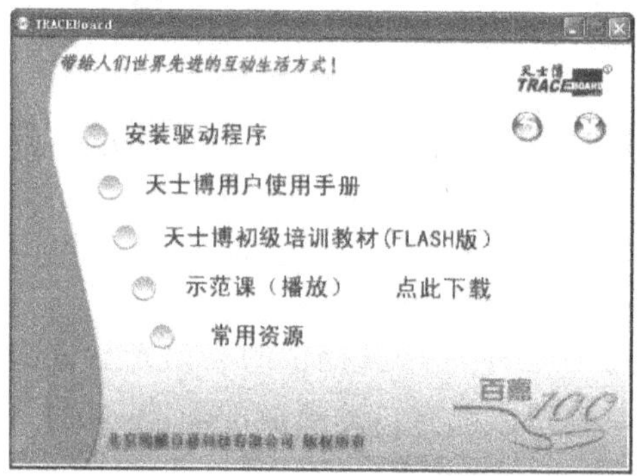

图 3-1-3

点击“安装驱动程序”打开天士博驱动的安装程序进行安装，如图 3-1-4 所示。

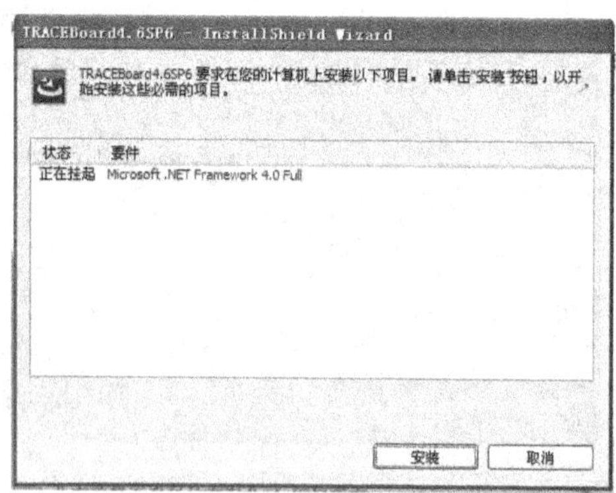

图 3-1-4

点击“安装”，程序即开始安装，此时如果你的计算机未安装有微软的 Microsoft .NET Framework 4.0，安装程序会提示你安装，如果你已经安装了该软件，则直接进入下一步安装内容，如图 3-1-5 所示。

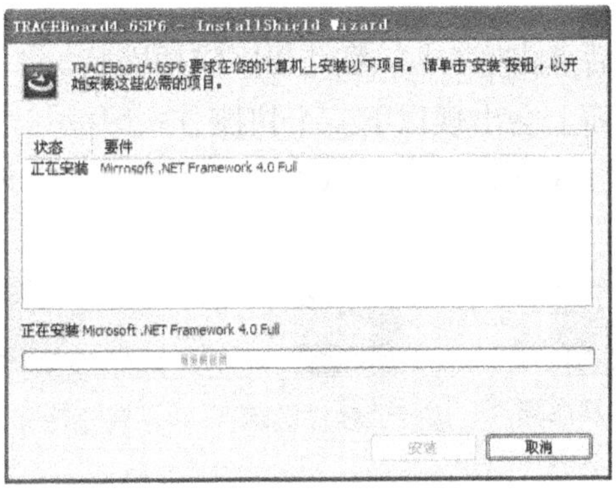

图 3-1-5

进入到安装类型的选择时请选择“全部”然后点击“下一步”继续安装，如图 3-1-6 所示。

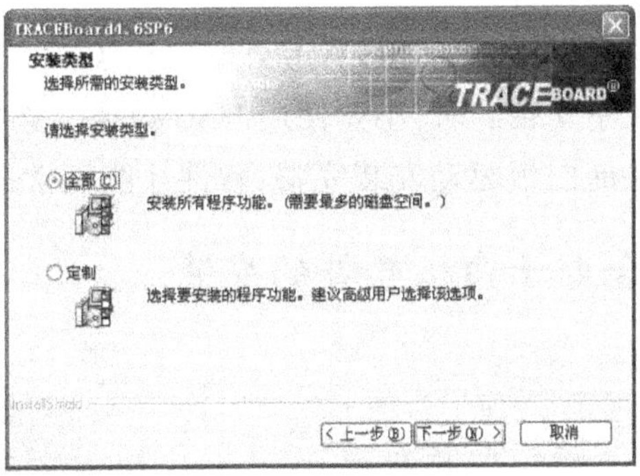

图 3-1-6

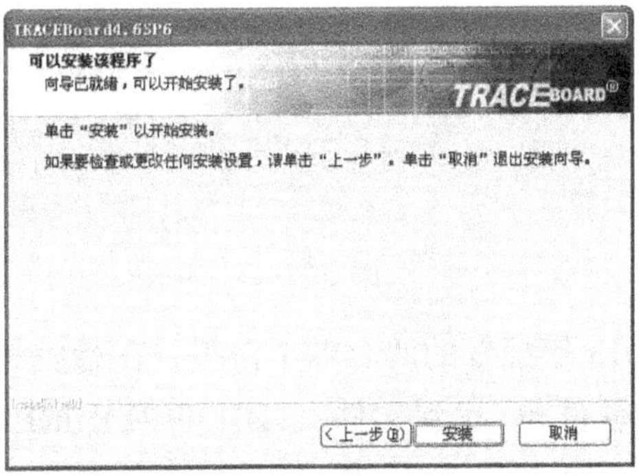

图 3-1-7

最后进入确认安装界面，此时点击“安装”即进入驱动的最后安装步骤，如图 3-1-7 所示。

安装程序结束后点击“完成”，驱动程序成功安装。

成功安装后桌面上会出现以下三个快捷方式图标：

TRACETools、TRACEBook、TRACEEdu，如图 3-1-8 所示。

白板工具图标

备授课软件图标

学科资源软件图标

图 3-1-8

“TRACETools”为白板工具，正常情况下会随计算机的开机启动而自动启动，从而保证白板硬件功能得以使用。

“TRACEBoard”工具启动后在桌面右下角的任务栏会出现图标。若任务栏中没出现图标，则双击桌面“TRACETools”图标，启动工具。

注：白板驱动程序安装前时，不要使用 USB 数据线连接白板，同时尽量将杀毒软件退出，以保证白板驱动安装完整，软件才能正常运行。

3.1.1.2 鸿合电子白板软件的安装

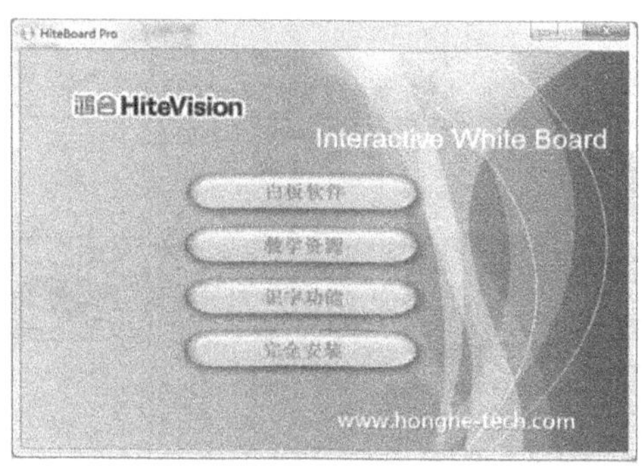

图 3-1-9

安装方法一：2013 年配置的鸿合电子白板，在最后一个盘都有一个文件夹是教学端的相关软件包，找到文件夹(20130621)HiteBoard Pro AutoRun2.0.10(现在最新版是(20131015)HiteBoard Pro AutoRun2.0.10，可以联系相关培训的人员，在培训群共享有)。打开它，找到图标，打开该图标，就可以启动安装软件界面了，按照向导，连续单击下一步，再下一步，直到完成。

（2）先安装白板软件，再安装字库，然后安装学科资源，或者直接点完全安装，如图 3-1-9。

3.1.1.3 电子白板应用程序的启动方式

电子白板应用程序的启动方式分为三种：双击或右键选择“打开”桌面图标、在开始菜单中的程序项找到该项点击、直接在安装目录中找到运行程序图标双击打开。

三种打开方法（以天士博 TRACETools 为例），如图 3-1-10、图 3-1-11、图 3-1-12 所示。

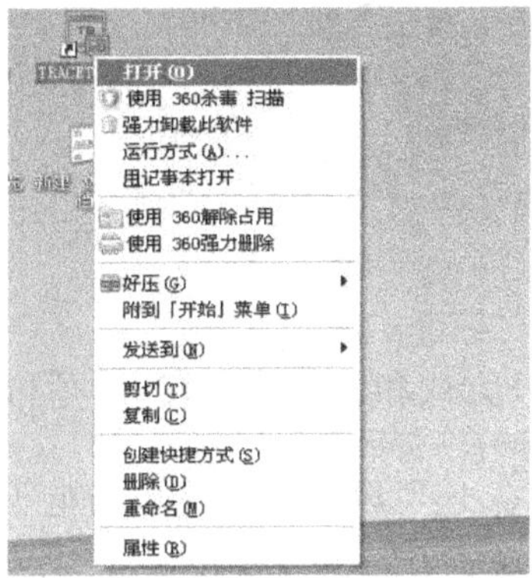

图 3-1-10

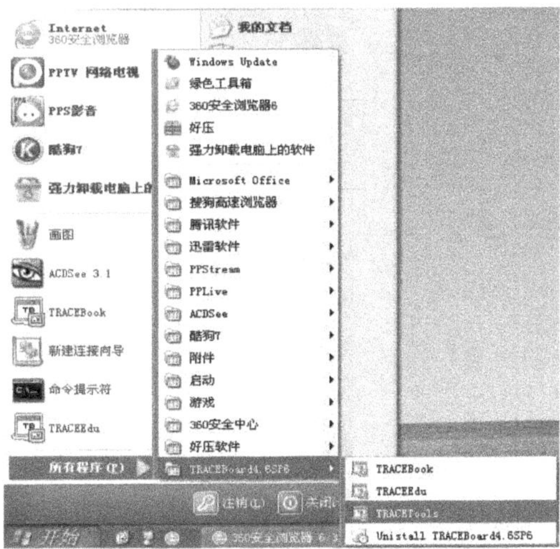

图 3-1-11

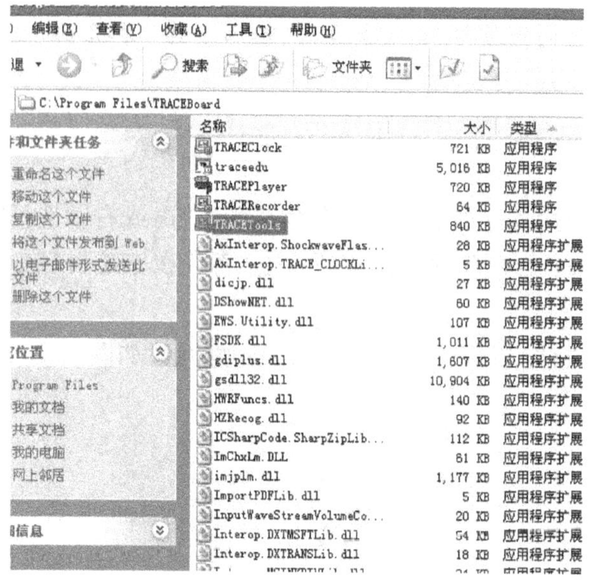

图 3-1-12

鸿合电子白板的打开方式和天士博一样，除了可以双击桌面的鸿合电子白板软件快捷键图标，还可以用电子笔单击电子白板左右两边的任意一个快捷按键，即可启动电子白板软件。如图 3-1-13。

图 3-1-13

3.1.2 认识各种功能按钮及菜单

3.1.2.1 天士博电子白板的各种功能按钮及菜单

如图 3-1-14 所示，各功能菜单详解如图 3-1-15 所示。

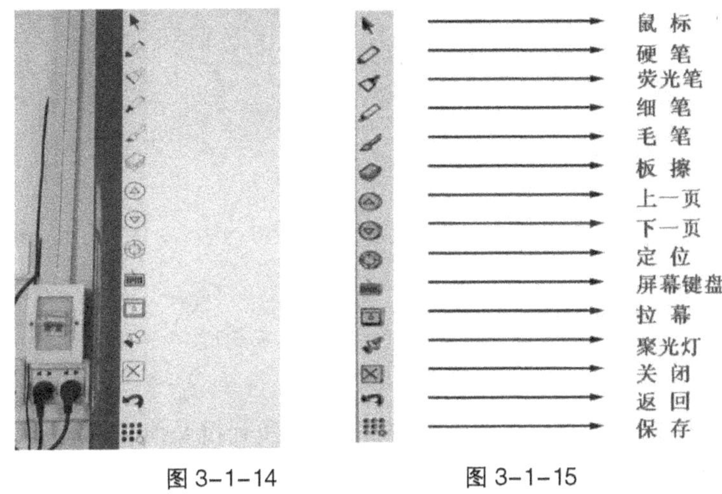

图 3-1-14　　图 3-1-15

3.1.2.2 鸿合电子白板各种功能按钮及菜单

(1)左右两边的快捷键的含义

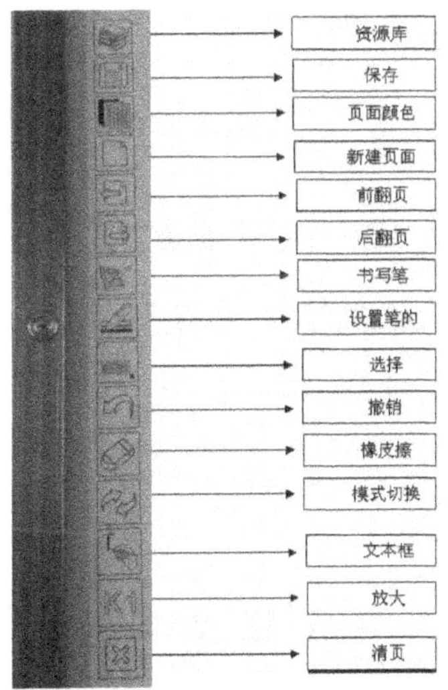

图 3-1-16

(2)备课模式和授课模式的切换

打开白板软件后,可以看到以下的画面,此时软件默认属于备课模式状态,如图:

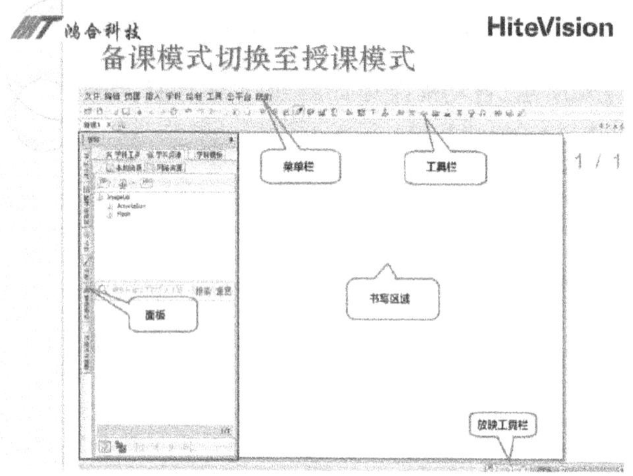

图 3-1-17

在备课模式下单击右下角的放映按钮,切换到授课模式状态。这时会出现一个圆盘工具栏,如图:

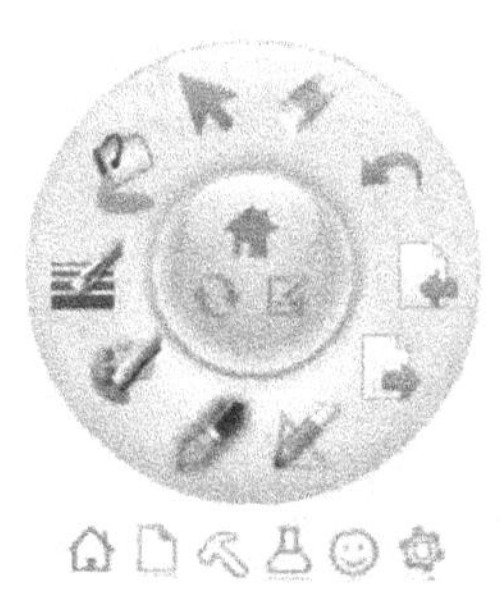

图 3-1-18　圆盘工具栏

(3)认识页面工具栏按钮的含义,见图 3-1-19(备课模式)

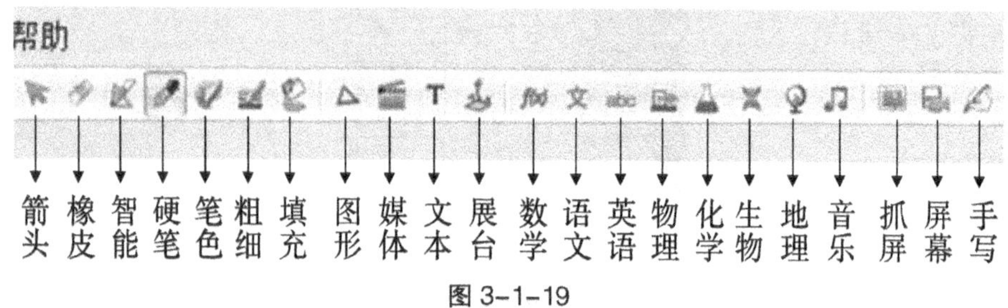

图 3-1-19

(4)认识页面工具栏按钮的含义,见图3-1-20至3-1-24(授课模式)

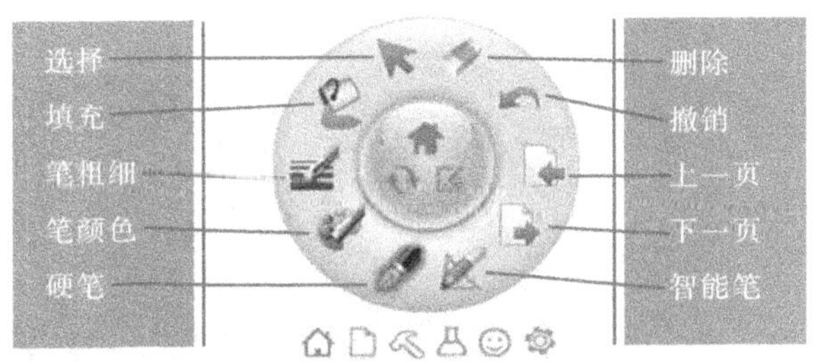

图3-1-20 圆盘——第一页按钮

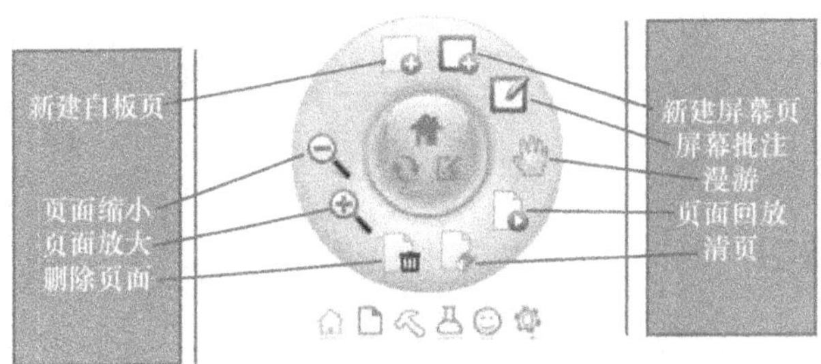

图3-1-21 圆盘——页面按钮

图3-1-22 圆盘——工具按钮

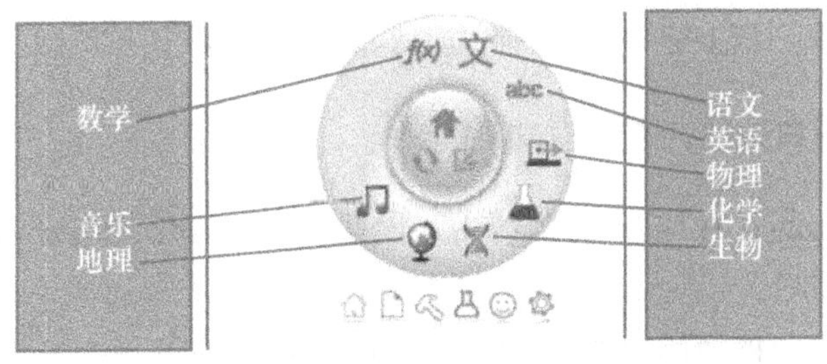

图3-1-23 圆盘——圆盘学科页

点击“工具箱”，把需要添加的工具，直接拖拽到圆盘上面即可。

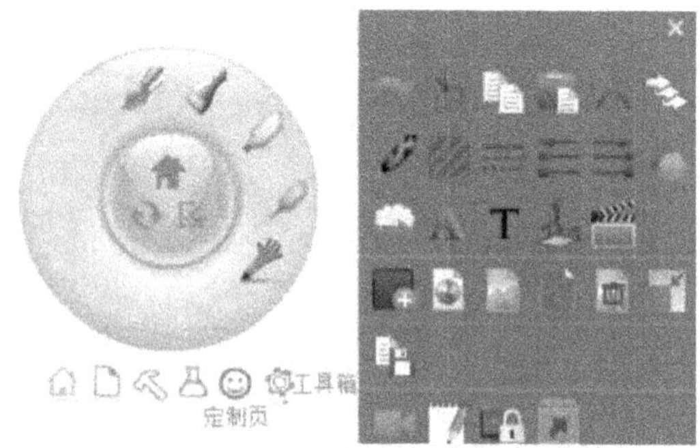

图 3-1-24 圆盘——圆盘定制页

本小节练习：

i. 每个菜单、按钮操作一次。

ii. 把不同的快捷界面、功能界面调出来。

iii. 把各学科资源和工具调出来，分别调用一个几何图形、物理器材、化学器材等，并对他们进行变换操作。各学科（语文、数学、物理、化学、英语）老师举本学科的一例进行演示。

认识各种笔的功能和画图工具

由授课教师演示讲解各种笔的功能和工具，并完成如下练习：

i. 举例演示工具栏中的任意两种笔的功能。

ii. 用智能画笔功能画出圆、长方形、三角形等，并演示。

iii. 如何使用工具中圆规、直尺、三角板、量角器，并对任意 2 种进行演示。

iv. 在电子白板上有哪三种删除方式？请演示出来（区域删除、点删除、清页）。

认识电子白板的一些特有功能

请打开光盘上的“电子白板应用片段案例”文件夹，观看完所有案例片段并完成如下练习：

i. 在电子白板中插入图片、视频、PPT、Word、Flash。

ii. 写三行文字，使用幕布工具逐行显示出来、使用探照灯工具、使用放大镜工具。

iii. 现场演示“页面漫游”功能。

iv. 举例说明如何实现拖动克隆的对象编辑效果(拖拽出对象后,直接点击左下角的编辑按钮即出现“拖动克隆”的选项)。

3.2 使用电子白板上课

3.2.1 有 PPT 课件的时候如何使用电子白板上课

在授课模式下,使用屏幕批注,运行 PPT 课件,使用圆盘操作栏开始讲课。详见案例见光盘上的文件:《天气和生活.ppt》。

★建议教师一般采用这种方式来上课

3.2.2 没有 PPT 课件的时候如何使用电子白板来备授课

打开运行鸿合电子白板软件后可以切换备授课模式(天士博运行 TRACEBooks,切换全屏模式),然后使用白板软件各种功能进行备授课,案例见光盘上的文件:《平面镜成像.hht》。

★对电子白板软件各项功能比较熟悉的教师可以采用这种方式来上课

3.3 常见问题处理

3.3.1 电子白板使用前准备工作及简单故障排除

3.3.1.1 检查服务

“红灯”表示白板未和电脑连接或连接中断。

“绿灯”表示白板设备连接正常。

3.3.1.2 检查连接

如果出现红灯,则检查一下设备连接是否正确、牢固,如图 3-3-1。

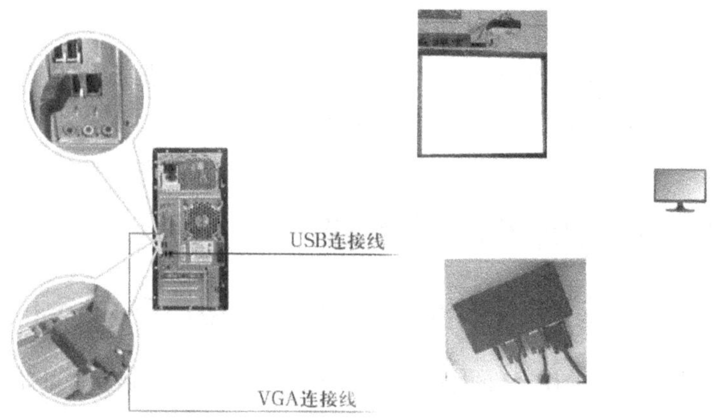

图 3-3-1

3.3.1.3 重新执行定位操作

拿起电子笔，在屏幕上试画，试试是否能正常使用，笔的位置是否准确，如果不准确，需要重新定位，定位的方法如下：

在桌面右下角的绿色的服务图标上点击“定位”按钮，如右图。

定位
远程诊断
配置...
关于
退出

右键点击服务后显示的菜单，跟随光标数字提示定位完 9 点之后，定位界面会出现定位快捷键界面，如图 3-3-2 所示。

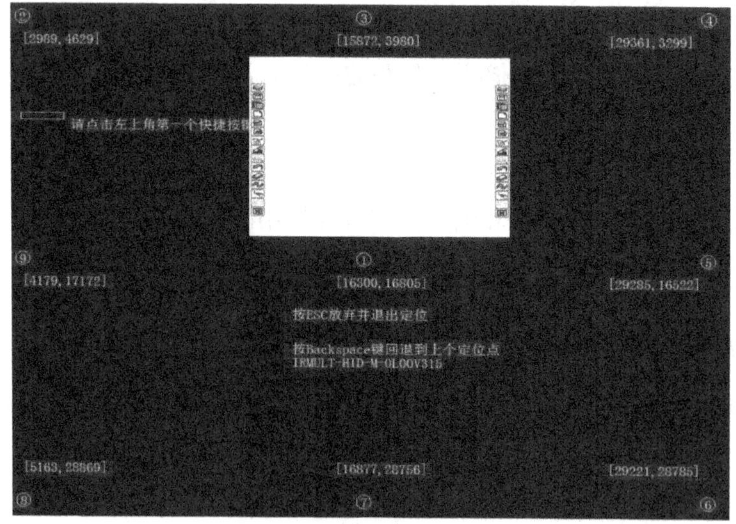

图 3-3-2 定位快捷键

用户跟随光标依次点击快捷键左上，左下，右上，右下四个快捷键的中心，然后单击“保存”，即可完成定位。

3.3.1.4 检查电子笔的电池、笔头并排除电子笔受干扰的情况(把手机等电子产品远离电子笔)

3.4 电子白板常见故障现象及其排查方法

1. 电子白板软件无法安装

(1)原因：交互式电子白板的软件受到电脑中防火墙、杀毒软件、保护卡等拦截或影响。

措施：关闭防火墙、杀毒软件，打开保护卡，再安装电子白板驱动软件。

(2)原因：交互式电子白板的工具软件与个别盗版操作系统不兼容。

措施：更换操作系统，再安装白板软件。

2. 书写的位置与白板上显示的位置存在较远距离

(1)原因：对于固定式安装的电子白板，定位不准可能会出现此现象。

措施：对电子白板进行重新校准定位。

(2)原因：移动式安装的电子白板的支架有轻微移动。

措施：对电子白板进行重新校准定位。

3. TRACEBoard 工具图标显示灰色，即不可用

(1)原因：电脑与白板之间未连接成功。

措施：检查接口，数据线重新连接，在设备管理器中查找电子白板是否已连接上。

(2)原因：电脑程序错误。

措施：退出“TRACEBoard 工具”程序，重新启动程序。

如果失败，重新启动操作系统后，运行“TRACEBoard 工具”程序。

(3)原因：电子白板的软件安装失败，或电子白板软件中文件损坏。

措施：重新安装电子白板软件。

4. 按键全部失灵，或无法在白板上进行书写

(1)原因：未打开白板工具软件。

措施：双击“TRACEBoard 工具”图标启动程序。

(2)原因：白板与计算机是否连接成功。

措施：检查接口，数据线重新连接，在设备管理器中查找电子白板是否已连接上。

(3)原因：电子白板的软件安装失败，或电子白板软件的文件损坏。

措施：重新安装电子白板软件。

对于白板指示灯可见(移动式安装)的情况下的故障排查

5. 白板指示灯为红色

(1)原因：数据线没有连接好。

措施：检查数据线是否连接好，并重新连接，或是更换数据线进行测试。

(2)原因：白板软件没有安装成功。

措施：重新安装白板软件。

(3)原因：交互式电子白板的工具软件没有启动。

措施：双击“TRACEBoard 工具”图标启动工具。

(4)原因：换台电脑和数据线试验，如指示灯仍为红色，则有可能白板内的控制卡需要更换。

措施：更换控制卡。不过需要声明的是用户不要擅自拆卸电子白板，硬件方面的问题可以联系代理商或专业人士进行维修或更换。

6. 白板指示灯不亮

(1)原因：电脑与白板未连接成功。

措施：重新连接，或更换数据线进行测试是否连接成功。

(2)原因：指示灯损坏，能够正常使用白板。

措施：与供应商联系。

第4章 信息技术与学科教学整合教学结构

4.1 基本概念

4.1.1 基本概述

信息技术与学科教学整合是当前基础教育教学改革的一个新途径，与各学科教学有着密切的联系和继承性，同时又是具有相对独立性特点的新型教学结构类型。信息技术与学科课程整合是改变传统教学结构、实施创新人才培养的一条有效途径，也是目前国际上基础教育改革的趋势与潮流。

信息技术与课程整合从小方面来说是指在教学过程中把现代教育信息技术、现代教育信息资源、现代教育信息方法、现代教育人力资源和学科课程内容有机结合，共同完成课程教学任务的一种新型的教学方式。从大方面来说是将信息技术融入课程的整体中，改变学科课程内容和结构，变革整个学科课程体系。也就是说，所谓信息技术与学科课程的整合，就是通过将信息技术有效融合于各学科的教学过程来营造一种新型教学环境，实现一种既能发挥教师主导作用又能充分体现学生主体地位的以“自主、探究、合作”为特征的教学方式，把学生的主动性、积极性、创造性充分地发挥出来，使传统的以教师为中心的课堂教学结构发生根本性变革，使学生的创新精神与实践能力的培养真正落到实处。

4.1.2 基本特点

一是营造新型教学环境，在多媒体和网络为基础的信息化环境中开展学科课程教学活动。二是实现新的教学方式，对课程教学内容进行信息化处理后成为学习者的学习资源。三是变革传统教学结构，利用信息化加工工具让学生进行知识重构。

4.2 常见多媒体信息类型

4.2.1 文字(文本)

文字表达的信息给人充分的想象空间，它主要用于对知识的描述性表示。多媒体课件中的文字不仅具有展示教学内容的作用，而且精心设计的文字还能促进学生的记忆。文字的字体不宜过多，要清晰易辨认，字号、字距、行距要以不影响学生阅读为原则；标题与正文有区分，文字的设计要求突出重点；课件中的文字要精练，同一屏幕不宜出现过多的文字。

4.2.2 声音

声音是多媒体运用中的一种重要媒体。声音的运用使教学内容更加丰富。声音能直接、清晰地表达意义，引起学生的注意，有利于激发学生的学习积极性。声音媒体包括语言(人声)、音乐和音响。动听的音乐和解说词可使画面更加生动，音乐和音响的运用可创设真实的教学环境。

4.2.3 动画

可以使我们要表现的内容更加生动，还可以把抽象的、难以理解的内容形象化，合理使用动画，对提高学生的学习兴趣，突破重难点，提高课堂效率可达到事半功倍的效果。

4.2.4 图像(图片)、图形

图像是多媒体作品中最重要的信息表现形式之一，它是决定一个多媒体作品视觉效果的关键因素，运用图像媒体，能较好地解决重难点。图形一般指用计算机绘制的画面，如直线、圆、圆弧、任意曲线和图表等；图像则是指由输入设备捕捉的实际场景画面或以数字化形式存储的任意画面。

4.2.5 视频

视频影像具有时序性与丰富的信息内涵，常用于交代事物的发展过程。视频有声有色，在多媒体中充当着重要的角色。

4.2.6 多媒体课件

制作课件时，要注意课件的丰富性和实用性，并结合学生的特点，巧妙地运用多媒体，综合文字、声音、动画、图像、视频精心创设与教学内容相吻合的情境，以增强学生的感官刺激，调动学生的情感体验，活跃学生的主动思维。

4.2.7 电子白板

使用多媒体课件，教师要在黑板与鼠标间切换，影响课堂教学的流畅性。而电子白板可以用手指或电子笔代替鼠标触摸大型显示屏，操作多媒体，能对动画、视频随时暂停、控制或标注，从而将老师从单纯的电脑操作中解放出来，适应教师“边走、边说、边写”的行为习惯，有利于教师的即兴发挥。

4.2.8 实物展示台

实物展示台又称视频展示台(Visual Presenter)、实物演示仪、实物投影机、实物投影仪等，在国外市场还被称为文本摄像机(Document Camera)。从功能上可以给视频展示台下这样一个定义：视频展示台是通过CCD摄像机以光电转换技术为基础，将实物、文稿、图片、过程等信息转换为图像信号输出在投影机、监视器等显示设备上展示出来的一种演示设备。

4.3 多媒体应用技能

4.3.1 选择媒体的根据

教学中选择教学多媒体主要应注意以下几个方面：

一是依据教学目标。教学媒体的选择和组合必须首先考虑是否有利于教学任务和教学目标的实现，为达到不同的教学目标需要使用不同的教学媒体去传递教学信息，教学媒体的选用不是教学的目的，只是教学的手段，不能很好地实现教学目标，不能有利于教学任务完成的教学媒体，无论多么先进都不应选用。

二是紧扣教学内容。教学内容本身的特点是选择教学媒体的重要依据。语文教学中如果要让学生了解一篇文章的写作背景，就可以提供一些当时的图片或者历史背景视频资源，能够加深学生的理解。如果教学内容是进行语言教学，那么，音频朗读就应该是最佳选择。如果教学内容是化学、物理等实验课，那么，直观演示或动画情景演示以及视频播放就会成为理想的媒体选择。如果要让学生自己归纳某一个概念，仅靠教师的讲解和板书是不够的，往往要通过多媒体提供充分的支持素材，激发和引导学生的思考，然后，通过教师板书、语言体验和训练归纳的方法，从而建构概念。

三是根据学习特征。学生智力水平、经验积累、认知特点，学生的兴趣、爱好、年龄特点等对教学媒体的选择也很重要。不同种类的教学媒体对不同年龄段的学生有不同的适用性。在小学低年级教学选择媒体时，应根据学生思维的直观形象思维，多采用图形、动画和音乐之类丰富、生动的媒体，使用音视频、动画、图、文并茂形式。而到了小学高年级，为适应学生由直观形象思维向抽象思维的过渡，在选择教学媒体时形象化的手段可以适当减少。到了高中阶段的学生，抽象思维能力增强了，因此，既要用图片、视频和动画等丰富形象思维，又要注重抽提概念、原理和规律的过程。多媒体的媒体运用与板书、语言配合使用往往能够达到理想的效果。信息技术与学科课程的整合应该根据不同的教学对象，实施多样性、多元化和多层次的整合策略。对于学习类型和思维类型不同的人来说，他们所处的学习环境和所选择的学习方法将直接影响他们的学习效果。如有的学生不能主动地对外来信息进行加工，喜欢有人际交流的学习环境，需要明确的指导和讲授。而有的学生在认知活动中，则更愿意独立学习、进行个人钻研，更能适应结构松散的教学方法或个别化的学习环境。信息技术给我们提供了一个开放性的实践平台，对于同一任务，不同的学生也可以采用不同的方法和选择不同的工具来完成。这种个别化的教学策略，对于发挥学生的主动性，进行因人而异的学习是很有帮助的。既要为学生提供个别化的学习机会，又要组织学生开展协作学习。

四是考虑教学策略。教师在教学中采取何种教学策略，如何去控制教学活动，如何调节师生间的互动，这些教学的因素也是教学媒体选择时需要考虑的。一般说来，对于教学媒体大多学生都能有不同程度的感情参与，但各种不同媒体学生参与、支配程度及师生互动方式都是不同的。

此外，经济的因素、技术的因素也是选择教学媒体时不可忽视的。多媒体的选择还受当地、当时教学条件的限制，需要综合考虑多种因素。

4.3.2 出示媒体的时机

当我们设计好所需要的教学媒体后，还需要把握好出示多媒体的恰当时机。教师在上课时，要根据学生的认知规律和情感需要选择适当的时间使用多媒体，使教学达到最佳效果。

一是根据具体的教学内容，使用恰当的教学多媒体。运用多媒体一定要有针对性，所选的媒体、资源、课件能适合学科教学的内容，要根据教学需要，选用适当的方法，进行优化组合，达到辅助教学、提高教学效果的目的。同时，要找到在学科课堂教学中教学内容最需要多媒体演示的时机。如需要丰富学生感性认识的时候，我们就出示音视频，课堂上的音视频就达到了真实呈现的目的。

二是根据学生的学习状态，灵活地调整多媒体运用时机。虽然在进行教学设计时已经对学生及课堂情况进行预设，但实际教学过程中的情况时刻存在着变化。如教学秩序比较混乱的时候，多媒体能够起到引起注意的作用，学生回答问题感到困难的时候，教师可以运用教学多媒体为学生的学习活动搭建台阶。

三是根据教学过程环节，把握恰当的出示时机。教师要把握好出示教学多媒体的时机，做到适时恰当，恰到好处。一般要在讲解内容时恰如其分地出示，以吸引学生注意力。如果出示过早，会影响学生听课；出示过晚，则起不到应有的作用。出示完毕后还要及时关闭，避免学生注意力分散。在出示多媒体前或是出示多媒体的初始阶段，应该明确观察的对象、观察的目的、观察的方法及观察中应思考的问题，使学生处于准备观察的心理状态。

四是根据教学对象及教学环境，把握使用多媒体的度。运用多媒体要做到既不喧宾夺主地滥用，也不因噎废食而全然不用。也就是说，要考虑在适时、适当的前提下用多用少的问题，也就是把握好度的问题。这就要求教师做到当用则用，不当用则不用。因此，多媒体的运用既要体现教师的指导作用，又要彰显学生的主体地位，从学生的实际出发，根据学生的年龄特征及接受能力，坚持适度应用，做到合理安排，恰到好处。

4.3.3 指导观察教给方法

多媒体运用的过程就是指导学生对多媒体进行观察和思考的过程，教师通过教学多媒体对教学内容进行思维加工的过程中，要合理地指导学生进行观察。教师在出示多媒体的时候，要时刻提醒自己：

形象生动的多媒体提供感性材料，学生是否充分感知？

模拟的多媒体引导从现象到抽象的过程，学生归纳、类比思维能力是否得到提升？

抽象的多媒体引导形成概念，是否对学生概念、规律、观点的概括有所帮助？

4.4 电子白板的应用

4.4.1 基本功能要掌握

标注批注——在教学过程中，通过新建页面可以对投射到电子白板上的课件或者文档等内容用文字、线条、尺子进行标注和批注，文字可以是师生的手迹，也可以选择排印体，线条可以是任何曲线，颜色、粗细等都可以按照需要调整。师生可以在电子白板上任意书写和绘图，对板书内容可以进行位置变换、角度调整、颜色改变，乃至擦除。对批注内容可以事先隐藏，用到再拖拉出来。

放大缩小——放大镜可以任意缩放电子白板上的内容，例如图片或者重点等内容，为了使其更为显著，教师往往需要放大展示。

拖拽内容——在讲课过程中教师需要把某一部分内容拖到一边，展示下一部分内容，这时就可以任意拖动图片或者文字到一些闲置的空间，特别是在需要版面书写时，使用漫游功能更为实用。

课堂回放——电子白板具有录制功能，讲完课后教师可以回放教学过程，记录并反思教学中存在的问题，或者让学生就某个知识点再进行回顾，使得课堂教学更为完善。

聚光灯——在教学中，有时为了突出某一块局部内容。可以用聚光灯功能，用电子笔调节聚光的位置及光圈大小，控制显示的范围，并且可在光圈内书写、注释。

局部遮挡——拉幕功能能使课件演示内容按需要逐步显示。

另外，电子白板中的识字功能对小学语文识字教学尤为重要，无限克隆、时钟(定时器)、显示、修正、窗口播放器(播放视频、动画、PPT 等文件)等功能也要掌握，工具笔中的智能笔的自动识别图形功能在理科教学中也不容忽视。

4.4.2 教学资源库的应用

电子白板的后台都有为每一学科专门准备的资源库，这些资源对学科教学帮助较大，教师可以根据教学需要随意调用。同时，资源库还可以进行二次开发，学校可以组织教师根据实际对教学素材资源进行整合开发。

4.4.3 体现交互性

教师在课堂教学中应用电子白板教学时要注意体现电子白板的交互性，教师、学生、电子白板的人机交互，电子白板、电脑、展台的机机交互等。

4.5 学科整合课的教学设计

在信息技术与学科教学整合的教学设计的范畴下，教学设计除了包含原有的内容外还要考虑一定的教学条件，即在什么样的教学空间展开教学。现在依托的信息技术环境有三种：

1.“班班通”——依托校园网的教室多媒体环境；

2.“计算机教室”——基于网络教室的局域网环境；

3.“互联网”——直接利用 Internet 的广泛互联网环境。

信息技术与学科教学的整合，教师要认真分析学生的学习心理，围绕学生如何学，挑选、整合教学软件，合理安排教学活动进程，使信息技术有机地融合到教学中去，使整个教学过程浑然一体，并且能够自我评价和反思教学过程，并适时加以改进，只有这样才能达到信息技术与学科教学的完全融合。所以，整合中的教学设计应该以学生的学为中心展开，既要充分发挥教师的主导作用，又要充分体现学生的认知主体作用，传递、接受式的教学活动进程还要保留。吸收以学为中心的教学设计思想，通过对教学中教师指导性活动和学生主体性活动的设计，充分发挥信息技术的作用，充分发挥“人—机—人—人”的交互作用，让学生去主动思考、探索、发现，从而形成全新的课堂教学结构。把教师、学生、信息技术、教学内容等教学各要素的优势更好地结合与发挥出来，教学设计观念应该是保证学生的主体参与和自主学习，提出问题进行探究，组织协作活动。

4.5.1 教学目标

在确定教学目标的过程中必须考虑以下几个方面的因素：学科的特点、学生的特征、素质教育的需要，同时，信息技术与学科教学整合过程中要达到学习知识与培养能力相结合的目标，也要注意原有学科教学目标与培养信息素养目标的结合。

4.5.2 教学内容

教学主题内容的选择既要与教材密切相关，又要新于教材。由于教学大纲(新课标)和教材编写的限制，很多鲜活的、具有明显时代特征的教学素材和内容很难及时地反映在目前的中小学教材中，这就要求教师充分发挥信息技术的优势，利用信息资源跨越时空界限的特点，将各种信息资源与学科教材内容相结合，使学生的学习内容更加丰富多彩，更具时代气息，更贴近生活和现代科技。同时，也能让教师拓展知识视野，改变传统学科教学内容，使教材活起来。

4.5.3 教学活动

包括教师主导性活动和学生自主性学习活动的设计。

4.5.4 教学媒体

合理设计、选择、利用信息技术。

4.5.5 教学评价

评价体系中除了对学生掌握学科专业知识的评价外，还要有对学生信息素养和综合能力等的评价。另外，也要包括对信息技术手段运用合理性的评价。

4.5.6 教学设计的要点

信息化教学设计要求教师在教学中培养学生的高级思维能力，激励学生主动探究，激发学生在教学活动中思考所学的内容。信息化教学设计应包含如下要点：

设计核心是教学过程设计，重视学习环境创设和学习资源的利用。教师要关注如何利用信息技术创设教学情境和开发教学信息资源，使学生基于一定的教学情境，借助丰富的信息资源开展自主探究性学习。

学习内容为交叉学科专题，强调综合性。真实世界中的问题与学校情境中的问题大不相同，因此，信息化教学设计应更多地考虑学生实践能力的养成，使学生具备解决实际问题的能力和学习迁移能力，以应对信息化社会的挑战。

依据单元教学目标确定教学内容，而不是为了完成课时工作量去安排内容，信息化教学设计始于教学目标的确定，终于对教学目标实现情况的评价，如此循环往复。因此，教学设计将依据教学目标，确定教学内容，再依据教学内容，确定所需课时。这就改变了传统教学中完全依赖教学大纲所规定的教学进度来确定教学内容的思维方式。

4.5.7 教学设计的特点

既要发挥教师主导作用，又要充分体现学生学习主体作用的新型教学结构。

“整合”教学设计要有明确的目的。“整合”教学设计的目的是在信息技术提供的新的沟通机制（计算机网络、多媒体、专业网站、信息搜索、电子图书馆、网上课程与远程学习）和丰富资源的环境中，优化教学过程、提高学生能力素质（基本学习技能、信息素养、创造思维、合作精神与交际能力、实践能力），促进学生综合素质的全面提高。

“整合”教学设计必须有正确明晰的指导思想。实施信息技术与课程的整合具有多种价值取向可供选择。一定要在现代教育思想理念的指导下，把整合的研究和实施纳入推进素质教育的轨道上来，以“整合”提高学生的综合素质。

“整合”教学设计要坚持整合要素的个性特点。在研究和实施“整合”过程中，既要充分发挥信息技术的教学功能特点，以其特有的功能特点优化课程教学的过程；也要严格遵循课程教学过程的基本规律，以体现教学过程规律的需求发挥信息技术的功能特点。“整合”是功能特点和基本规律意义上的整合。

“整合”教学设计具有强烈的实践性。不断地在教学实践中实验、探求和总结，才能发现“整合”的本质和规律。

“整合”教学设计的结果是“双赢”的。成功的整合应当是把课程教学目标的实现和信息技术教育目标的实现统一在同一教学过程中，也就是说，“整合”的结果既以信息技术优化了课程教学的过程，促进了学生学科智能水平的提高，又在课程教学的过程中传授了信息技术，促进了学生信息素养的提高。

4.5.8 教学设计的原则

在信息化教学设计中，充分利用信息技术手段进行基于资源、基于合作、基于研究等方面的学习，使学生在意义丰富的情境中主动建构知识。

整合教研、科研、培训、技术等多方面力量。由教育行政部门牵头，领导重视引领，整合各级政府教育科研与教育信息中心的信息技术力量，在硬件方面加大投入，在软件方面予以大力支持，奠定信息技术与学科教学整合的基础。

加大硬件的基础建设,落实教学的各项保障。教育信息化投入的力度应该不断加大,现代教育技术设施设备要更新和充实,使教育信息化水平迈上一个新的台阶。做到建设、配备、管理、使用并举,努力做到配备标准化、管理规范化、使用经常化,使教学设备在整合教学中发挥出最大的效益。使城乡学校、中心幼儿园及村级小学等各级学校实现联网,实现教育信息、资源共享,教育公文传送网络化,为普及信息技术教育提供物质保证。

以学为中心。注重学习者学习能力的培养。教师以"任务驱动"和"问题解决"作为学生学习和研究活动的主线,在相关的有具体意义的情境中确定和讲授学习策略与技能。教师作为学习的促进者,引导、监控和评价学生的学习进程。同时,教师还应该开发和利用各种信息资源来支持学生自主学习,比如,教师应创建学生学习网站、教师演示文稿和参考范例等。

强调"协作学习"。这种协作学习不仅指学生之间、师生之间的协作,也包括教师之间的协作。21世纪人类学习的技能应主要体现在能够运用信息处理和研究工具(例如文字处理、电邮、演示软件、网页开发和互联网搜索工具)来访问、管理、综合、评估、创造并交流信息。因此,相互协作与自我指导相结合尤为重要。

强调针对学习过程和学习资源的评价。学习过程指学习者通过与信息和环境的相互作用而得到知识、技能和态度长进的过程。学习资源指支持学生学习的资料来源或资料库,它包括支持学生学习的教学材料与环境。信息化教学设计注重对教学系统的终结性评价,更注重过程性评价,并以此作为质量监控的主要措施,及时对教学过程中存在的问题进行定量、定性分析。也就是说,教学除了安排终结性考核,还应安排形成性考核,如要求学生提交记录其学习过程的电子学档等。

软件支持,建设"数字校园"。"数字校园"是以校园网为背景的集教学、管理、应用为一体的新型数字化工作、学习、生活环境,是数字时代学校发展的必然要求。

丰富教育信息资源。信息资源的开发与应用是教育信息化建设的核心任务。信息技术与学科教学的整合要高度重视教育资源库建设,加强统筹工作,合理利用教育资金,政府与学校要共建教育资源库,形成全区域教育信息资源开发服务体系和有效的运行机制。

实现数字化管理。掌握信息化环境下的教育教学规律,形成信息化环境下的教育教学模式和学习模式。创建"网络办公系统",实现教育系统公文传送的数字化和无纸化操作，切实提高工作效率。使教学不仅变成单纯的传授过程或简单的交流过程，而是师生共同发现、共同探索形成课堂教学的过程。充分利用网络资源和技术平台开展教学研究和研究性学习，不断提高教育质量，激发学生的学习热情，提高教学效率。

4.5.9 教学设计的步骤

基于探究活动的教学设计步骤：

确定问题情境——让学生形成清晰的目的图式，奠定解决问题的方向，引起学生对探究活动的动机和兴趣。在探究教学中，所提出的问题的难易程度要在学生可以解决的范围内。太容易使学生丧失兴趣，没有足够的动机；太难则使学生产生过多的挫折感，失去了进一步探究的信心。提供一个明晰的问题情境，要有一定的条理，特别是有关的目的，到达目的障碍、条件一定要清晰地呈现，可利用书面、黑板、课件呈现。尽量控制变量的数量，无关变量要尽可能少地出现，以免学生对问题情境产生太多的疑惑，增加了探究的难度，不利于认知策略和智慧技能的形成。注意问题呈现的方式。这一过程，从信息加工角度来看，是一个信息刺激接受器的选择性接受过程，因此要利用各种方法增加问题的新奇度。

分析因果，提出假设——由于这是问题解决十分关键的一步，因此，首要的教学事件就是教师或其他指导者不要对学生进行过多的干涉，即使有时学生的假设看起来相当幼稚。只有这样，我们才能使学生真正获得解决问题的能力，也只有这样，学生才能真正领略到科学的本质、科学家工作的真谛。有时学生的注意偏离了问题本身，教师不妨给予简单的提醒，但这种提醒绝不能干涉学生对问题的思考，仅仅帮助学生提起元认知的监控作用，不偏离目标而已。

设计方案，验证假设——学生主要是在进行智慧技能的学习，教师必须为学生提供充足的验证条件，有实验的还要提供完备的实验设备。对验证过程，教师不妨以一个探究者的身份参与到活动中去，对个别重要条件予以言语提醒，但不要急于去干涉学生的活动。

分析数据，得出结论——这一步骤对于智慧技能、认知策略、言语信息的学习起着重要作用。要注意安排学生进行小组间或人与人之间的交流，通过交流，发现彼此间的差异。要提醒学生注意到彼此间的不一致。检查各自的探究过程，然后达成协议。把协议用书面格式或口头方式表达出来。通过这三个步骤，学生就会逐步学习分析数据的策略、得出结论的技能和进行小组合作的态度和方法。当学生通过口头或书面的形式表达出来时，表明学生已经把新的语言信息与以往的认识结构联系了起来，也即通过了语义编码过程。

反馈与反思——反馈，在探究教学中，根据学生的探究能力可以提出不同的要求。反思，在探究教学中主要对探究过程和探究结论进行反思。

基于协作学习的教学设计步骤：

协作学习目前已成为课堂教学与互联网络环境下一种非常重要的教学模式，它对于培养学生的创造能力、求异思维、批判思维、探索发现精神、与学习伙伴的合作共处能力和培养新世纪需要的自尊自强的创新型人才非常重要。

分析协作学习的目标——根据教学及学生个体发展的需要，确定协作学习的目标。协作学习的目标是系统性的，一般将协作学习的总体目标分解为许多子目标。子目标与具体的学习内容密切相关，子目标的确定及解决对总体目标的实现至关重要。

确定协作学习的内容——在一个特定的协作学习环境中，协作学习伙伴共同面对不同类型的学习任务。根据对学习任务的分析，学习者面临的学习任务主要分为三类，即概念学习、问题解决和设计。

确定小组的基本结构——学生在具有良好组织结构的协作小组中学习，其效果远远优于传统的班级组织形式。学生在开始协作学习时，通常缺少小组协作的技巧，因此，在班级中首先设计协作交互活动的技巧和建立协作学习小组的方法，对学生来说，他们需要学会如何倾听其他同学的谈话，分析并弄清楚他们讲话的内容和含义。

协作环境的创设——良好的协作学习环境有利于提高协作学习的效果与效率。作为协作学习的指导者与帮助者——教师，需要根据协作学习的目标与任务及其协作学习成员的个性特征创设一定的情境。协作学习环境的设计主要包括由学习的主题确定协作学习的目标、参加协作学习的人数、所依据的学习理论、协作学习系统的性能等。数字化的协作学习环境，为师生之间或学生与学生之间提供交流、协作的便利，冲破了时空的限制，而且交流的资源都是数字化的学习资源，文本语言、图形、图像、声音、动画、视频等都能实现数字化，为数字化的协作学习提供丰富的生动形象的数字化学习资源。无论是公告牌、电子邮件还是聊天室(包括语音聊天室)、视频会议、虚拟教室，这些数字化的学习环境都能给协作学习提供各具特色、不同学科特点的信息获取方式和信息反馈方式，能保障协作学习的正常进行。

信息资源的设计——协作学习需要借助一定的信息资源，如在互联网环境中检索信息、需要计算机支持下的通讯交流手段、从“小资料室”(虚拟资料室)中查阅资料等。因此在进行协作学习时，教师需要为学生设计并提供一定的信息资源环境，尽量缩短无效时间，提高协作学习的效率。

协作学习活动的设计——协作学习活动的设计是协作学习的主要组成部分。协作学习活动主要围绕学习内容开展，并根据学习内容采用不同的活动方式。

协作学习效果的评价——协作学习效果的评价一般通过小组集体讨论的方式进行，在评价过程中，小组成员可以进一步加深对协作学习内容的认识与理解。在此过程中，需要协作小组准备相应的展示材料，可以使用网页或幻灯片形式辅助各自的讲解。展示过程中或展示完成后，协作学习成员可随时根据展示内容提出问题，并要求展示者给予解答。根据展示与随机应答结果，其他各组对展示组进行终结性评价。教师需要对该过程进行控制并及时总结各组的优缺点。

基于问题解决的教学设计步骤：

教学设计环节——教学设计过程可以归结为解决三个问题：“我要去做什么？”,“我如何去做？”,“我怎样判断我已做完？”。教学设计过程包括相继完成的四个环节：明确并陈述教学目标，回答第一个问题；分析学习任务；选择教学方法与教学媒体，这两个环节可解决第二个问题；评价学习结果，用于回答第三个问题。

明确并陈述教学目标与分析学习任务是教学设计中两个彼此关联的重要环节。教学目标是预期的学生学习结果。明确了教学目标及其类型，就为教学方法、技术与媒体的选择与运用提供了依据，为教学结果的测量与评价规定了标准，为学生的学习指明了方向。任务分析则通过确定学生的原有基础、分析使能目标(必要条件)和支持性条件，以揭示终点目标得以实现为先行条件，从而为安排学习顺序、创设教学条件提供心理学依据。教学目标是任务分析的基础和前提，任务分析则是对教学目标的分析和分解。第三个环节在前两个环节的基础上进行，在教学目标的指引下，依据任务分析的结果，合理安排教学顺序，科学选择教学方法与媒体。最后一个环节是依据教学目标评价学习结果。

4.5.10 教学设计应注意的问题

信息技术与学科教学相结合就是以学科知识作为载体，把信息技术作为工具和手段渗透到学科教学中去。信息技术与学科教学的整合能有效的地提高教学效率，因而得到迅速、广泛的运用。但是在目前的课堂教学中，还要注意以下问题并采取相应的对策。

一是准确定位目标，促进教学目标实现。信息技术与学科教学整合，最终目的是发挥信息技术的优势，优化课堂教学，实现教学目标。但在实际教学中，许多老师为了突出体现信息技术的优势，而不顾是否有利于本节课的教学目标的实现，将各类文字、图像、动画、声音、影片等一股脑地加进去，追求信息技术的高、精、尖和界面的精美，一节课下来似乎一直在展示信息技术的作用，结果导致教学内容主次不分，教学目标不明确。

二是重视学科特点，提高课堂教学质量。信息技术与学科教学整合强调信息技术服务于学科教学，不能因为在学科教学中应用了信息技术而抹杀了学科教学的特点。

三是教学设计科学，拓展学生思维。教学过程中存在着由形象到抽象、由感性到理性的转换，有经验的教师总会留下足够的时间和空间让学生自己去思考、想象、理解，实现思维能力的培养。

四是课件制作恰当，方便学生理解接受。有些课件制作过程过于简单，只是几张简单的幻灯片，缺乏交互性，上课时学生当“观众”，只能被动观看，教师当“导演”，只能按顺序播放；有些则过于复杂，追求表面上的新颖、花哨、动感，其课件往往是画面背景杂乱，并且使用大量的动画和音响，导致学生上课时，一味看课件中的图案和动画效果，而不关心教师的讲解和画面上的知识点，影响了学生对知识的理解接受。因此，教师应该制作简洁形象的课件，加深学生对知识的理解。

五是提升信息技术能力，提高教学效果。有些教师信息技术应用能力不强，上课时用的课件、网页不是自己亲自做的，对课堂上出现的突发性的技术问题无法处理。因此，要不断提升自身信息技术应用能力，提高学科课堂教学效果。